세상에서 가장 귀한 존재인

————————————— 님께

당신의 빛나는 미래를
청남 젠더언니가 응원합니다.

함서경
SK Pm

부의 인사이트

일러두기

1. 지은이의 말맛과 현장감을 살리기 위해 일상에서 자주 사용하는 용어를 그대로 둔 경우가 있습니다. 예를 들면 손절, 바이어, 로스, 라방 등입니다.

2. 외래어는 가능한 국립국어원 외래어표기법에 따랐습니다. 예를 들어 콘셉트, 콘텐츠 등이 있습니다.

3. 본문 중 나이는 2023년 시행된 만 나이 통일법에 따라 '이번 연도 – 태어난 연도로 계산했습니다.

부의 인사이트

함서경 지음

THE
INSIGHT
OF
WEALTH

✝

청담캔디언니가 들려주는
일과 사업, 인생에 관한 77가지 조언

생각지도

아들에게 들려주고 싶었던
부와 성공에 관한 가장 현실적인 이야기

나는 사업가다. 여성 사업가가 많지 않던 시절인 1980년 21세에 창업을 시작해 지금까지 40년 넘게 사업가로 살고 있다. 30대부터는 일본, 이탈리아에서 원단, 의류, 머플러 등을 수입해 국내 패션 브랜드에 공급해왔다.

패션 관련 수입 사업을 메인으로 하면서 일본 오사카에 회사를 설립해 온라인 판매업자를 대상으로 도소매도 진행했다. 청담동에 어린이들을 위한 영어도서관을 개관해 7년 동안 이끌었고, K-POP 팬을 위한 에어비앤비도 운영했다. 대부분 하나의 사업이 아니라 업종이 다른 여러 분야를 창업하고 만들어가면서 다양한 경험을 쌓았다.

나는 60대다. 내 나이대 사람들은 대부분 퇴직 이후 여가를 즐기며 시간을 보낸다. 하지만 나는 평생 현역이고 싶다. 배우고 싶은 것도, 하고 싶은 일도 많다. 디지털 시대에는 나이나 지역에 상관없이 누구나 새로운 일에 도전하고 창업할 수 있다. 덕분에 나는 60대에 시작한 SNS를 통해 새로운 세상을 경험하고 있다. 60대인 나에게는 나이도 콘텐츠이고 경쟁력이 되었다.

나는 청담동에 살고 있다. 슈퍼리치는 아니지만, 청담동에 4층짜리 꼬마 빌딩을 소유하고 있다. 30여 년 동안 압구정동과 청담동에서 살았는데, 상위 1퍼센트 부자들을 가장 가까이에서 만나면서 그들이 어떻게 부를 키워왔는지를 배우고 있다.

나는 20대 아들을 둔 엄마다. 사업가 엄마를 보고 자란 아들은 자신만의 사업을 구상하고 있다. 그러다 보니 궁금한 게 있으면 자주 물어본다. 아들에게 이런저런 이야기를 해주면서 언젠가는 이걸 정리해보면 좋겠다는 생각이 들었다. 그래서 아들과 함께 인스타그램 릴스로 콘텐츠를 만들기 시작했는데, 놀랍게도 한 달 만에 10만 팔로워가 생겼다.

나는 '청담캔디언니'라는 이름으로 활동하고 있다. 인

스타그램에 팔로워가 급속도로 늘어나면서 하루에도 수십 통의 메시지가 도착한다. 찬찬히 댓글이나 메시지를 훑어보면서 나는 사람들이 도전하는 것을 얼마나 두려워하는지 알게 되었다. 기회가 눈앞에 있는데도 두려워하고 걱정만 하는 이들이 많다. 그들에게 다음의 이야기를 들려주고 싶다.

초원에 사자 한 마리가 어슬렁거린다. 사자 앞으로 얼룩말들이 무리 지어 달려간다. 배고픈 사자는 그들이 전속력으로 달려가는 모습을 바라볼 뿐 쉽게 달려들지 못한다. 기회를 엿보려고 조용히 자리에 앉아보지만 오히려 더 망설여질 뿐이다. 가만히 앉아서 수많은 기회가 눈앞에서 빠르게 지나가는 모습을 지켜보기만 한다.

그때 갑자기 뒤에서 다른 사자 한 마리가 뛰쳐나와 얼룩말 한 마리의 목덜미를 물어뜯는다. 기회가 보이자 바로 낚아챈 것이다. 미국의 히스패닉계 사업가이자 50조 슈퍼 리치인 댄 페냐Dan Peña가 강연하면서 보여준 영상 내용이다. 얼룩말은 기회이고, 사자는 우리의 모습이다. 당신은 계속 기회만 노려보고 있는 사자인가? 아니면 기회를 바로 낚아채는 사자인가?

20대부터 사업가로 살아오면서 나는 기회를 빠르게 알아챘고, 다양한 분야의 사업에 도전했다. 그 분야를 잘 알아서가 아니었다. 돈이 있어서는 더더욱 아니었다. 하고 싶은 일이라면 일단 저질렀고, 그냥 시작했다.

사람들은 나를 보며 하는 일마다 잘된다고 부러워했다. 하지만 내 성공은 우연히 이루어진 게 아니었다. 나는 사람들이 안 된다고 해도 끝내 해내는 모습을 보여주려고 부단히 노력했다. 어떤 일이든 시작한 순간 하루 24시간 내내 그 일에 집중했고, 끊임없이 부딪히고 배우면서 하나씩 완성시켜 나갔다. 내가 하는 일은 될 수밖에 없다고, 나는 될 때까지 하니까 가능하다고 나를 담금질했다. 모든 과정이 힘들고 어려웠지만 나 자신을 믿으며 나아갔다. 그 결과 대부분의 일에서 성과를 낼 수 있었다.

성공은 리스크를 떠안고 기회를 잡아채는 데서 시작된다. 기회를 보고 한 발도 내딛지 못하면서 왜 나만 성공하지 못하냐며 투덜대는 이들이 있다. 성공의 첫발은 선택의 문제이지 능력의 차이가 아니다. 시도조차 해보지 않은 채 공짜로 얻을 수 있는 것은 아무것도 없다. 리스크 없이 편하게 성공할 수 있다면 좋겠지만, 60여 년을 살아오면서 나는 그런 길을 찾지 못했다. 오히려 열정적인 자세로 도전하고 매 순간 최선을 다했기에 지금에 이를 수 있었다.

나는 사업가로서 손대는 사업마다 대체적으로 잘 해

냈다. 작은 성공을 여러 번 경험하면서 경험이 축적되었기 때문이다. 처음 도전할 때는 100퍼센트의 에너지가 필요했다면, 작은 성공을 경험하면서 나중에는 10퍼센트의 에너지로도 새로운 일을 할 수 있었다.

다만 나는 사업에는 자신 있었지만, 돈 그릇을 키우는 방법을 몰랐다. 재테크에도 관심이 없었고, 경제 공부도 안 되어 있었다. 지금 돌이켜 생각해도 가장 안타깝고 아쉬운 부분이다. 부자가 된다는 것은 근로소득과 사업소득을 투자할 줄 아는 지혜가 필요함을 뒤늦게 깨달았다.

이 책은 사업가이자 엄마로서, 그리고 인생 선배로서 20대 아들에게 들려주고 싶었던 부와 성공에 관한 가장 현실적인 조언들을 모았다. 사업에 대해 궁금한 것을 묻는 아들에게 조언을 해주다 보면 일의 의미, 사업의 본질, 삶의 자세 등 해주고 싶은 이야기가 쏟아져나왔다. 살아오면서 내가 후회하는 일이나 아쉬웠던 부분 등에 대해서는 더 강조하게 되었다.

이야기를 듣고 나면 아들은 많은 인사이트를 얻었다고 말해주었다. 나를 찾아와 고민을 털어놓고 어려움을 토로하는 사람들과 대화하다 보면 그들 역시 비슷한 이야기를 했다.

나는 그들보다 더 특별한 사람은 아니다. 하지만 그들보다 더 많은 것을 보고, 듣고, 경험한 것은 분명하다. 이 책에는 그동안 내가 겪은 다양한 경험들이 페이지 곳곳에서 숨 쉬고 있다. 원고를 마무리하면서 뒤늦게 떠오른 다른 사례들이 더 있었지만 다 싣지는 못했다. 그럼에도 책에 실린 나의 경험과 조언이 당신이 원하는 목표에 가까이 다가가는 데 든든한 발판이 되었으면 하는 바람이다.

— 청담캔디언니 함서경

2장   사업 + 창업, 선택이 아닌 필수

3장   기회 ÷ 돈은 투자할 때만 살아 있다

4장 자세 † 나는 된다, 될 때까지 할 거니까

1장

도
전

✟

인생은
저지르는 자의 것이다

한 달 만에 팔로워
10만 명이 늘었다

Q 엄마, 우리 인스타그램이 어떻게 한 달 만에 10만 명이 늘었다고 생각해?

A 내가 가진 것 중에서 가장 소중한 걸 주었기 때문인 것 같아. 내가 수십 년 동안 시간과 돈을 들여 경험했던 노하우들을 아들에게만 얘기하고 싶은 내용이었지만 아낌없이 나누었기 때문이지. 제일 중요한 건 진정성 있는 메시지 같아. 알았지?

한 달 사이에 생각지도 못한 엄청난 일이 일어났다. 한 달도 채 되지 않아 10만 명 넘는 팔로워가 생긴 것이다. 어떤 날은 릴스 하나로 하루에 팔로워가 1만 명이 늘어나기도 했다.

2022년 초에 본격적으로 인스타그램을 시작했다. 초반에 팔로워가 조금씩 느는가 싶더니 다음해에는 큰 숫자 변동 없이 유지만 하는 수준이었다. 그렇게 '청담캔디언니' 인스타그램은 2023년 10월 29일까지 1만2,000명의 팔로워에서 정체된 상태였다. 이 팔로워도 개설한 해에 늘어난 데서 크게 달라지지 않은 숫자였다.

인스타그램 계정을 개설하고 시작했지만, 한 해가 지나자 계정 콘셉트가 흔들리더니 단 하나의 콘텐츠도 올릴 수 없을 정도로 번아웃이 와서 힘들었다. 인스타그램을 쉽고 단순하게 생각했던 탓이다. 다른 사람들을 흉내 내며 '이 정도면 터지겠지' 하며 어딘가 불편한 마음으로 한 해를 보냈던 것이다. 이대로는 지속할 수 없다는 생각에 1년을 마냥 속절없이 보냈다.

그러다가 가만히 되짚어보니 그동안 업로드한 콘텐츠는 내가 좋아하는 것이 아니었다는 결론에 도달했다. 결국 무엇이 가장 나답고, 지속적으로 해도 지치지 않으며, 꾸준히 할 수 있는 콘텐츠인지를 고민해보았다.

사람들은 내 이야기를 좋아했다. 20대에 가진 것 없이 바닥에서 시작해 국내는 물론 전 세계를 돌아다니며 비즈니스를 했던 드라마틱한 내 스토리를 들으면 누구나 열광했다. 다른 사람에게도 나를 소개하고, 내 이야기를 들려주고 싶다고 했다. 그런 말을 들을 때마다 언젠가는 나의 비즈니스 풀스토리를 사람들에게 이야기해주고 싶다는 생각이 들었고, 보따리를 하나씩 풀기 시작했다. 그랬더니 사람들이 호응해주기 시작한 것이다.

생각해보면 내가 사람들에게 내 이야기를 해주고 싶었던 이유는 명확했다. 잘하고 싶은데 무엇을 해야 할지, 어디서부터 시작해야 할지 방향을 못 잡고 헤매는 이들에게 내가 겪었고 깨달은 것을 하나라도 더 알려주고 싶었다. 엄마처럼 혹은 언니처럼 친근하게 말이다.

지금은 개인 브랜딩의 시대다. 어떻게 하면 성공적으로 자신을 브랜딩할 수 있을까? SNS의 본질은 '교류'를 위한 플랫폼이다. SNS를 통해 내가 어떤 사람인지, 무엇을 좋아하는지, 어떤 것을 줄 수 있는지 알린 후 관심 있는 사람들을 모이게 하면 된다. 무조건 맞팔하면서 숫자만 늘리는 데 관심을 두어서는 안 된다.

남들과 다른 자기만의 브랜딩을 하고 싶다면 팔로

워하는 사람이 나를 지인에게 소개해주고 싶은 사람이 되
어야 한다. 팔로워 숫자가 아닌 진심으로 어울리고 싶은 사
람을 찾아 나서야 한다. 그래야 서로 만족하는 오랜 관계가
유지된다.

말도 안 되는 속도로
성장하려면

Q **엄마, 가끔 방향을 잃을 때는 어떻게 해야 해?**

A 롤모델을 따라가면 되지. 얼마 전에 네가 운전해서 강릉을 간 적 있잖아. 컴컴한 밤이라 아무것도 안 보일 때 앞에서 먼저 가던 차의 라이트 불빛이 보였던 거 기억나지? 그때 엄마가 그랬잖아. 어두울 때는 앞차를 추월하려 하지 말고 천천히 그 차를 따라가라고. 갈 길을 잃었을 때는 롤모델을 따라가면 돼. 그리고 네가 성장하는 단계마다 롤모델을 바꾸면 되고. 알았지?

롤모델이 있다는 것은 성장에 엄청난 동력이 된다. 나 역시 20대부터 지금까지 항상 선망하는 대상, 그러니까 롤모델이 있었다. 목표를 세울 때부터 내가 가고자 하는 길을 앞서 간 롤모델을 찾았다. 20대에 2평짜리 옷 가게에서 장사하던 내가 글로벌 무역인으로 성장하는 여정에서 중요한 역할을 한 롤모델들이 있었다. 그중 한 분이 우리나라 1세대 여성 사업가이자 홍보업계의 전설인 조안 리였다.

20대 초 친구를 만나러 조선호텔을 방문했을 때였다. 어떤 멋진 여성이 커피숍에서 외국인들과 미팅하는 것을 보았는데, 그분이 조안 리였다. 호텔에서 일하던 친구가 그녀에 대해 설명해주는데, 최고급 호텔에 사무실을 보유한 커리어우먼의 모습은 20대의 젊은 나에게 강렬한 인상을 남겼다. 언젠가 나도 전 세계를 누비는 무역인이 되겠다고 결심한 계기였다.

신기하게도 그로부터 10여 년이 지난 후, 나는 조안 리와 함께 다큐멘터리에 출연했다. 당시 '동아TV'라는 채널에 성공한 커리어우먼 3인 중 한 명으로 내가 선정된 것이다. (3인 중 다른 한 분은 한국에 구찌를 들여온 현 MCM 김성주 대표였다.) 20대에 내가 미치도록 닮고 싶었던 롤모델과 같은 프로그램에 출연하게 될 줄은 상상도 하지 못했다. 너무 행복한 순간이었다.

　　무역업을 하면서 나는 무의식중에 롤모델인 조안 리를 계속 떠올렸다. 그 결과 어느 순간 내가 원하는 롤모델의 모습에 가장 가까이 가 있었다. 원하는 목표는 어떤 하나의 지점이 아니어도 된다. 닮고 싶은 롤모델의 모습이 목표가 될 수도 있다.

　　롤모델을 정하라. 그러면 가고 싶은 방향이 명확해지고 롤모델에 근접하게 성장할 가능성이 높아진다. 그런 다음 롤모델에겐 있지만 나에겐 없는 것을 찾아보라. 롤모델이 어떻게 그 위치에 설 수 있었는지 철저히 분석하는 것이다. 그다음부턴 자신을 믿고 실행하면 된다.

　　디지털 세상에 처음 들어왔을 때 나에겐 또 다른 롤모델이 있었다. 패션업계 리더이자 80만 구독자를 보유한 밀라논나였다. 그분을 보며 나이 든다는 것이 약점이 아니라 더 가치 있는 콘텐츠가 된다는 사실을 배웠다.

　　롤모델은 내가 이루고자 하는 목표에 따라 바꿔도 된다. 그래야 하는 게 당연하다. 다만 주관 없이 트렌드에 따라 수시로 롤모델을 바꾸는 것은 추천하지 않는다. 롤모델을 정하고 자신을 계속 대입하다 보면 스스로 누군가의 롤모델이 되는 날이 온다.

인생은 저지르는 자의 것이다

Q 엄마는 가장 기억에 남는 도전이 어떤 거야?

A 30여 년 전에 "땡큐" 한마디만 알고도 유럽 무역을 시작한 거야. 당시 유럽에 갔는데 한국이 어디 있는지조차 모르던 때였어. 사람들은 대부분 성공을 꿈꾸면서 걱정하고 망설이다가 아무것도 시도하지 않아. 다음에, 또 다음에 하다가 아무것도 하지 못하는 이유를 수만 가지 대면서 말이야. 나는 돈 없이도 사업을 시작했고, 영어를 몰랐지만 글로벌 무역인이 되었어. 성공은 공짜 표가 없어. 알았지?

'도전'이라는 키워드를 놓고 보면 사람들은 크게 두 가지 부류로 나눌 수 있다. 일단 저지르고 시도해보는 사람과 생각이 많아 망설이다가 한 발짝도 내딛지 못하는 사람. 후자의 경우 자기계발이나 동기부여에 관한 강의를 섭렵한다. 미라클 모닝, 매일 목표 100번 쓰기, 책 읽기 등등. 하지만 이런 노력을 하고도 과연 몇 명이나 자신의 목표를 이루기 위해 실질적으로 시도하고 도전할까?

나는 20대부터 많은 분야에 도전해왔다. 20세 때 조선호텔 미장원에서 일하던 친구를 만나러 왔다가 우연히 미국 브랜드 옷을 보고 반해서 그 옷을 하나씩 사서 강릉에서 팔기 시작했다. 국내에서는 볼 수 없었던 코렐을 남대문 도깨비시장에서 사다가 팔기도 했고, 23세에는 강릉에서 '실크라인'이라는 보세 옷 가게를 운영하며 가게를 3곳이나 더 늘리기도 했다.

아버지가 돌아가시고 보세 옷 가게를 하면서 보험 영업까지 해야 했다. 가족의 생계가 걸려 있었기 때문에 밤낮없이 미친 듯 뛰어다녔고, 당시 제일보험회사에서 전국 2등까지 했다. 이후 보험회사를 그만두고 서울을 오가며 남대문시장에서 의류 도매업을 시작했다. 당시 장사는 하고 싶은데 돈이 없어서 친구가 자본금을 내고 나는 모든 에너지를 갈아 넣으며 동업했다. 신우염으로 보험 가입이 어려울 만큼 약한 몸이었지만 쓰러지면 링거를 꽂고 일했다.

그러다가 본격적으로 서울에 올라와 명동에 보세 옷 가게를 오픈해 대박을 냈다. 당시는 명동 상권 다음으로 압구정동 상권이 막 형성될 때였다. 주변에서는 부자들이 많이 살고 있는 압구정동에 가게를 오픈하라고 조언해주었다. 하지만 나는 동대문시장을 선택했다. 압구정동에서 가게를 열면 동네 장사지만, 동대문은 우리나라 전체 고객을 상대하는 곳이었기 때문이다. 나는 우리나라 전국의 의류 유통시장을 파악하고 싶었다. 그래서 동대문종합시장에서 의류 도매업에 뛰어들었고 대박 행진을 이어나갔다. 이 모든 것들이 내가 20대에 한 일들이다.

이유는 간단했다. 가난해서 돈이 필요했다. 학창 시절 공부를 안 해서 무시받은 적이 있어서 보란 듯이 성공하고 싶었다. 세상에 태어난 이상 나도 한 분야에 이름 석 자를 남길 만큼의 큰 획을 긋고 싶다는 포부가 있었다. 그런 무모함이 있었기에 나는 말도 안 되는 도전을 할 수 있었다.

30대가 되어 나는 무역회사에서 일해본 경험 1도 없이 무역을 시작했고, 외국어는 "Thank you" 한마디만 믿고 이탈리아행 비행기를 탔다. 이탈리아어는 한마디도 몰랐다.

그나마 지금은 "Gràzie(그라치에, 감사합니다)" 한마디는 한다. 20대에 처음 일본에 갔을 때도 명함 한 장만 들고 떠났는데, 이탈리아도 명함 한 장만 들고 떠났다. 이탈리아에 간 첫날 밤, 두려움에 호텔에서 뜬눈으로 지새웠던 기억이 난다.

중국에 갔을 때는 어땠던가? 1990년대 중국이 외국인에게 시장을 개방한 지 얼마 안 된 때였다. 지금은 많은 회사들이 캐시미어 제품을 수입하고 있지만 당시는 시작 단계였다. 나는 캐시미어를 수입하기 위해 현지인들도 꺼리는 영하 20도의 내몽고 사막을 가로지르며 캐시미어 공장을 찾아다녔다. 석탄을 실은 트럭들만 다니는 도로를 1인승 경차에 가이드 2명을 포함해 3명이 타고 다녔다. 당시 동승한 가이드들의 한 달 월급은 7만 원이었는데, 내가 가지고 있던 돈 가방에는 현금 1,000만 원이 들어 있었다. 나중에 귀국한 뒤 돈 가방을 든 한국 사업가들이 중국에서 납치되었다는 뉴스를 접하고서야 '내가 무슨 짓을 한 거지?' 싶었다.

무역업을 하면서 승승장구하던 나는 IMF를 계기로 일본 온라인 사업에도 진출했다. 일본에서의 성공으로 나는 다시 일어설 수 있었고, 아직도 무역인으로 살아가고 있다. 지금은 코로나 팬데믹 이후 변화한 비즈니스 환경에서 새로운 도전을 하고 있는 중이다.

매일 밝은 얼굴로 다니는 나를 보면 험난한 지난 과거를 상상조차 할 수 없을 것이다. 다시 도전하라고 해도 쉽게 '오케이'를 외치지 못할 만큼 나는 험지를 개척하며 다녔다. 그런데 한국에서, 한국말로, 한국인을 상대하는 일이 어렵고 망설여진다면 당신은 아무것도 할 수 없다. **인생은 저지르는 자의 것이다.** '죽기야 하겠어?' 하는 마음으로 두려움을 떨쳐내고 시도해보라. 이미 저질러본 캔디언니가 응원하고 있다.

모든 경험이 자산이다,
진짜다

Q 엄마는 사업할 때 어려움을 극복하면서 어떤 교훈을 얻
   었어?

A 삶에서 예상치 못한 상황에 직면할 때마다 초심을 잃지 않
아야 해. 나는 처음 유럽에 갔을 때 많은 어려움을 겪었지만 그
경험이 나를 더 단단하게 만들었어. 항상 기억해야 할 것은 살면
서 겪은 어려움이 나중에 큰 자산이 된다는 거야. 알았지?

우리는 삶의 한 치 앞도 알 수 없다. 불확실한 미래가 두렵다면 초심을 잃지 않으려 노력하면 된다. 나는 '초심' 하면 떠오르는 순간이 있다. 유럽으로 처음 떠나던 날인데, 느슨해진다 싶으면 그때를 떠올리며 마음을 다잡곤 한다.

33세쯤이었던 것 같다. 글로벌 무역을 시작하고 일본, 홍콩, 싱가포르를 거쳐 유럽까지 진출하게 되었다. 나의 첫 유럽 일정의 최종 목적지는 이탈리아였다. 비싼 유럽행 티켓이 아까워서 독일 프랑크푸르트에서 열리는 소비재 박람회를 방문한 후 이탈리아에 가기로 계획했다. 구글, 네이버도 없던 당시에 유럽에 대한 정보는 얇은 책자 몇 개뿐이었다.

한국인이 운영한다는 민박집을 겨우겨우 알아내 예약했다. 독일 프랑크푸르트까지 13시간의 비행이 끝나고 공항에 도착했다. 아무리 내가 도전의 아이콘이었지만, 생전 처음 가보는 낯선 도시에 대한 두려움은 아직도 잊을 수가 없다. 공항에서 나와 민박집에 전화했더니 이불을 가져왔느냐고 물었다. 살다 살다 이불 없는 민박집은 처음 들어보았다. 그것도 독일에서 한겨울에 말이다. 여비가 부족한 배낭족을 위한 민박집이었던 것이다.

살을 에는 찬바람에 이불도 없이 잘 수는 없을 것 같아서 오스트리아에서 유학 중이던 오빠 친구들에게 전화했다. 다행히 오빠 친구들이 오스트리아 빈에서 밤새 운전해 프랑크푸르트에 와주었고, 우리는 호텔을 찾기 위해 프랑크 푸르트에서 약 90킬로미터 떨어진 하이델베르크까지 갔다.

나중에 안 사실이지만, 유럽에서 유명한 박람회가 열 리면 전 세계 사람들이 찾아오기 때문에 1년 전부터 미리 호텔을 예약한다고 한다. 그러니 호텔 잡기가 하늘의 별 따 기였다. 그나마 겨우 호텔을 잡았고, 이틀 동안 박람회를 둘 러봤더니 금방이라도 쓰러질 것 같았다. 한국 코엑스에서 열리는 박람회 정도의 규모를 예상했는데, 그 수십 배나 되 는 규모의 박람회는 하루만 돌아도 탈진할 정도였다.

결국 일정을 앞당겨 밀라노행 열차를 탔다. 그런데 내 침대칸에 낯선 남자가 누워 있었다. 알고 보니 침대칸은 2명씩 잘 수 있도록 붙어 있었다. 처음 본 낯선 남자 옆에 동침하면서 밤새 대륙을 횡단하려니 미칠 노릇이었다. 가방 을 잃어버릴까 봐 화장실도 못 가고 거의 밤을 새다시피 했 다. 독일어로 나오는 안내 방송으로는 도대체 언제 도착할지 도 알 수 없었다.

어찌저찌 밀라노에 도착해 택시를 타고 비즈니스 호 텔인 이비스호텔에 도착했는데, 현관문이 잠겨 있었다. 문을 쾅쾅 세차게 두드렸더니 겨우 문이 열렸는데 내가 이틀이나 일찍 도착했다는 것이다. 난감했지만 어쩔 수 없었다. 짧은 영어로 오늘 예약했다고 우기고 사정한 끝에 겨우 방을 받을 수 있었다. 방에 들어가자마자 온몸의 긴장이 풀렸고 안도의 숨을 쉴 수 있었다. (이후 이야기를 하자면 너무 화려하지만 여기까지만 하겠다.)

나의 무모한 도전들은 이것 말고도 수없이 많았다. 당시에는 순간순간 피 말리고 미칠 노릇이라는 생각뿐이었는데, 지금은 그때의 기억들을 하나씩 꺼내며 마음을 다잡는다. 그러면 '그런 말도 안 되는 상황도 이겨냈는데 지금의 이 모든 것들은 당연히 해낼 수 있는 일'이라는 생각이 들면서 스스로 동기부여가 된다.

직장생활을 하든 사업을 하든 사람들은 모두 각자만의 이유로 어려움을 겪는다. 어려움이 닥치면 당장이라도 죽을 것처럼 너무 힘들다. 하지만 모든 것은 지나간다. 사업 초반에 힘들었던 기억을 떠올려보라. 그 시기를 잘 견뎌냈기에 지금이 있다. **결국 우리 앞에 놓인 문제는 그것을 해결하는 과정에서 우리를 더 단단하고 성숙하게 만들어준다.**

숨겨진 기회를
발견하는 방법

Q 엄마, 어떻게 남들이 보지 못하는 기회를 발견할 수 있어?

A 사업가는 직원과는 바라보는 관점이 달라. 오늘보다는 내일,
내일보다는 10년 후의 먹거리를 고민하기 때문이지. 그래서 모든
것에 호기심을 가지고 어떻게 비즈니스로 연결시킬까를 고민하
지. 그러면 훨씬 많은 기회들이 보이거든. 알았지?

똑같은 장소에서 똑같은 것을 봐도 누군가는 무심히 지나치고 누군가는 큰 기회로 만든다. 무엇이 그 차이를 만들까? 내가 머플러 사업을 시작하게 된 것도 이런 맥락에서였다.

30여 년 전 당시 무역업을 하던 나는 한국에서 가장 큰 규모의 이탈리아 원단 수입업체를 알게 되었다. 우연히 그 회사 직원을 파리의 원단 쇼에서 만났는데, 한국에 돌아가면 한번 찾아오라고 나에게 명함을 주었다. 귀국한 후 나는 그 회사에 찾아갔고, 쇼룸을 둘러보던 중 유독 내 눈에 들어오는 것이 있었다. 옷장 안에 구겨져 있는 천 조각이었다. 호기심이 생겨 꺼내 보니 너무 예쁜 머플러였다.

내 눈에는 너무 예쁜 머플러를 그 회사의 직원들은 아무도 관심이 없었다. 오죽하면 옷장 안에 구겨져 있었겠는가. 왜 그럴까 생각해보니 그 회사에는 사장을 비롯해 수십 명의 직원들이 모두 남자였고, 기본 아이템인 원단 판매에만 집중할 뿐 머플러에는 전혀 관심이 없었다.

당시 우리나라에서 판매되던 머플러는 주로 대구에 위치한 공장에서 만드는 단순한 색상의 기본 머플러뿐이었다. 옷도 다양한 디자인이 얼마나 많은데, 패션 소품이지만 머플러도 충분히 가능하다는 생각이 들었다. 순간 내 비즈니스 촉이 발동했다. 이건 내게 기회임을 직감했다.

나는 방문한 회사에서 받은 몇 가지 머플러 샘플을 들고 국내 패션 브랜드들과 미팅을 추진했다. 이후 나는 한국에서 이탈리아 머플러를 가장 큰 규모로 수입하는 회사의 대표가 되었다.

남들과 다른 관점을 갖고 기존의 관점을 의심해보는 것은 그래서 중요하다. 머플러 샘플에 대한 그 회사의 사장과 직원들의 관점을 그대로 흡수했다면 나는 숨겨진 기회를 잡지 못했을 것이다.

남들이 보지 못하는 기회를 포착하기 위해서는 오픈 마인open mind, 즉 열린 사고가 필요하다. 일단 머리에서 모든 가능성을 활짝 열어놓아야 많은 것들의 연결성이 보인다. 무엇보다 오픈 마인드를 갖기 위해 가장 중요한 것은 '호기심'이다. 새롭고 신기한 것을 탐색하거나 모르는 것을 알고 싶어 하는 마음, 그게 호기심이다. 일상에서 항상 '왜?'라는 질문을 해보자. 호기심이 발동하는 시작점이다.

중요하지만 급하지 않은
일부터 하세요

Q 엄마는 귀찮고 힘든 일들을 어떻게 극복했어?

A 귀찮고 하기 싫은 일을 기꺼이 한다면 내일은 훨씬 더 나은
사람이 된다는 걸 믿었기 때문이지. 지금부터 하지 않으면 네가
원하는 내일은 그냥 오지 않아. 알았지?

시간관리에 대해 공부하다 보면 항상 마주치는 프레임이 있는데, 바로 '시간관리 매트릭스'다. 시간관리 매트릭스는 긴급함과 중요도를 기준으로 ① 중요하고 급한 일, ② 중요하지만 급하지 않은 일, ③ 중요하지 않지만 급한 일, ④ 중요하지 않고 급하지도 않은 일로 구분된다.

바쁜 일상에서 우리는 매번 '중요하지 않지만 급한 일'부터 하는 경향이 있다. 메일을 보내고, 회의에 참석하고, 서류를 정리하고 등등. 하지만 **우리가 찾고 있는 마법은 우리가 가장 피하고 있는 일, 바로 '중요하지만 급하지 않은 일' 안에 있다.**

혹시 힘드니까, 바쁘니까, 급하지 않으니까 중요한 일을 맨 마지막으로 남겨두고 있지 않은가? 기억하라. 귀찮고 성가시지만 중요한 일을 가장 먼저 해야 한다. 그 안에 기회가 숨쉬고 있기 때문이다.

인스타그램을 시작하고 1여 년이 지난 2022년 연말에 나는 1일 1라이브방송에 도전했다. 인스타그램으로 1일 1라방을 하면서 라이브 커머스도 켜고 같이 진행했다. 브랜드의 확장성을 위해 반드시 도전해야 하는 중요한 일이었지만 정말 힘들고 귀찮은 일이었다. 그래서 처음에는 매일 '오늘 하루만 해보자' 하는 마음으로 시작했는데, 일주일이 지나자 어느새 한 달이 훌쩍 지나 있었다. 그렇게 40여 일 동안 라이브를 했더니 이후에는 아주 편안하게 라이브를 켤 수 있는 사람으로 바뀌어 있었다.

'과연 할 수 있을까?' 하며 자신감이 부족하다면 작은 단위로 쪼개 시작해보라. 하나를 꾸준히 지속적으로 해나가는 사람이야말로 마지막에 이긴다.

나는 원래 부지런한 사람이 아니다. 해야 하는 많은 일들 중에서 쉬운 일부터 처리하다 보니 힘든 일이 계속 누적되어 나를 짓누르는 적도 있었다. 하지만 이제는 투두리스트To Do List, 해야 할 일 리스트를 쓸 때 하기 싫은 일부터 차례대로 쓴다. 이런 습관은 나를 크게 성장시켰고, 사람들은 항상 나에게 어떻게 계속 변화하고 성장하는지 묻곤 한다. 그러면 나는 이렇게 답한다.

"급하지 않지만 중요한 일부터 하세요. 그 안에 기회가 있습니다."

5초 안에 즉시
움직여라

Q 엄마는 어떻게 일을 미루지 않고 빨리 처리할 수 있었어?

A 나는 일을 시작할 때 항상 '5초 룰'을 사용했어. 단 5초의 시간 안에 일을 처리하는 습관은 성공자로 살아가는 토대가 되었지. 중요한 건 가장 귀찮은 일부터 처리하는 거야. 알았지?

목표 달성을 위해 빠르게 행동하는 나만의 노하우가 있다. 바로 5초 안에 실행하는 것이다. 무슨 일이든 5초 내에 일단 시작해보는 것은 망설임을 없애는 가장 쉬운 방법이다.

이 습관을 일상의 다양한 상황에 적용해보면 하루가 훨씬 효율적으로 변하는 것이 느껴진다. 아침에 5분만 더 누워 있고 싶다는 생각이 들면 '5, 4, 3, 2, 1'을 카운트한 다음 바로 일어나보자. 하루를 이미 이기는 습관으로 시작하는 셈이다. 나는 스트레칭을 해야 할 때도 5초를 카운트하고 바로 시작한다. 5초를 세는 동안 스트레칭이 끝난 뒤 뿌듯해하는 내 모습을 떠올리면 망설이지 않게 된다.

업무를 할 때도 마찬가지다. 일단 해야 할 일들 중 가장 힘들고 귀찮은 일부터 시작한다. 대부분의 사람들은 간단하고 쉬운 일을 가장 먼저 하는데, 그러다 보면 힘들고 귀찮은 일은 다음 날로 자꾸 미뤄진다. 미룬 일이 매일 쌓여 일주일만 지나도 해결 안 된 일이 산더미처럼 느껴진다. 그리고 덩치가 커진 그 일을 해결하려면 더 많은 시간과 에너지를 써야 한다.

멘탈 관리에도 5초 룰은 유용하다. 부정적인 생각이 들기 시작하면 5초 룰을 떠올려라. 정확히 5초를 세고 긍정적인 생각으로 전환하는 것이다. 그런데도 부정적인 생각이

든다면 또다시 5초 룰을 적용하면 된다. '못 할 것 같다'는 생각을 '할 수 있다'고 생각하면 할 수 있는 방법이 떠오른다. 이렇게 5초 룰을 통해 나는 성공적인 삶을 관리하고 많은 성과를 낼 수 있었다.

우리가 일을 미루게 되는 이유는 게으름 때문이 아니다. 잘해야 한다는 부담감 때문이다. 뇌는 안전지대를 벗어나는 것을 두렵고 불편하게 느끼도록 세팅되어 있다. 하지만 그곳을 벗어나지 않으면 매일 똑같은 삶을 살아가게 된다. 중요한 것은 안전지대에 머무르고 싶다는 안일한 생각이 들기 전에 목표를 세우고 빠르게 행동하는 것이다. 해야한다면 미루지 마라. 5초 안에 즉시 움직여라.

남들보다 열심히 살아왔지만 나도 시간을 허투루 버리는 일이 많다. 아침에 늦잠 자기를 좋아하고 멍때리기도 잘한다. 여행을 즐기기보다 집순이 성향인데, 평생 비행기를 타고 낯선 외국을 누비고 다녔다. 끊임없이 내 본성에 저항하며 살아온 것이다. 의지가 꺾일 때마다 '오늘이 내 인생의 마지막 날이다'라고 마인드 세팅하며 꺾이려는 의지를 다시 일으켜 세웠다. 그러면 절대 일을 미루지 않게 된다. 중요하지 않은 과거에 얽매이거나 나를 의심하면서 에너지를 소비하지 않게 된다. 마지막 날인데 미룰 수도, 시간을 낭비할 여유도 없다.

5초 룰은 내가 매번 유용하게 써먹는 방법이다. **할까 말까 고민된다면 5초를 주겠다.**

"5, 4, 3, 2, 1."

바로 움직여라!

모든 목표를
달성하게 해준 5가지

Q 엄마는 목표를 달성하는 엄마만의 노하우가 있어?

A 목표를 달성하기 위해선 효율적으로 일해야 해. 목표를 정하고 올바른 방법으로 매일 하다 보면 한 달 안에도 성과를 낼 수 있어. 중요한 건 올바른 프로세스를 정해서 매일 실행해야 한다는 거야. 알았지?

나는 목표를 정하면 항상 똑같은 프로세스대로 움직였다. 목표를 정하면 거기에 집중하면서 프로세스를 실천하는 데 많은 시간과 에너지를 쏟아부었다. 목표가 달성되는 경험이 누적되자, 열심히 하는 것도 필요하지만 효율적으로 하는 것이 더 중요하다는 사실을 깨달았다. 효율적으로 목표를 달성하기 위한 나만의 5단계 프로세스를 소개한다. 목표와 방향성이 확실하다면 참고하길 바란다.

1. 원하는 목표를 명확히 정한다.

'SMART 목표 설정'을 검색해보라. SMART는 구체적이고(Specific), 측정 가능하고(Measurable), 성취 가능하고(Achievable), 관련되고(Relevant), 시간적 범위를 고려한(Time bound) 목표를 말한다. 예를 들면 나는 SMART 공식에 따라 '2023년 11월 30일까지 10만 팔로워를 달성한다'라는 목표를 세웠다.

2. 자료를 조사한다.

유튜브, 인터넷, 책 등을 통해 자료를 조사한다. 나는 목표가 정해지면 관련된 책을 최소 5권 정도 읽었다. 꼼꼼히 읽지 않아도 된다. 목차를 살펴보면서 내 목표와 연관된 부분만 봐도 좋다. 실행은 뒷전이고 자료 조사하느라 시간만 낭비하지 않기를 바란다.

3. 목표를 잘게 쪼갠다.

가장 중요한 일을 가장 작은 단위로 나누어 실행한다. 파레토의 법칙을 생각하면 된다. 핵심적인 행동은 은 20퍼센트에 불과하다. 어렵고 복잡한 일을 잘게 쪼개면 목표는 분명하고 심플해진다. 복잡한 생각 없이 가장 핵심적인 일을 수행할 수 있도록 목표를 충분히 잘게 쪼개야 한다.

4. 실행을 방해하는 것을 차단한다.

나는 인스타그램 팔로워를 10만 명 달성하겠다는 목표를 세운 다음 목표와 상관없는 만남을 전부 미뤘다. 하루에 한두 개씩의 릴스를 제작하고 업로드하는 데도 부족한 시간이었다.

5. 선택하고 집중한다.

여러 개의 목표를 세우면 안 된다. 가장 중요한 한 가지만 선택하고 그 목표를 이룰 때까지 집중한다.

중요한 것은 무엇을 한다면 한 가지에 집중해야 한다는 사실이다. 나는 인스타그램 키우기를 목표로 정한 후한 달 동안 그 목표를 달성하기 위해 초집중했고, 결국 목표를 이루었다. 사업할 때도 그랬다. 1997년 IMF 이후 무역업이 비즈니스 정체기에 접어들었을 때 나는 일본 온라인 사업에도 뛰어들었다. 강의에서 앞으로는 오프라인이 아닌 온라인 유통 시대가 열린다는 소식을 접하고 온라인 플랫폼에 대해 알아보기 시작했다.

하지만 2000년대 초반 우리나라 온라인 플랫폼은 지마켓 정도가 전부였고, 그마저도 시작 단계였다. 나는 바로 해외로 눈을 돌렸고, 일본 시장이 떠올랐다. 일본은 우리나라보다 인구가 3배 많았고, 이미 라쿠텐과 야후 플랫폼이 활성화되어 있었다. 무엇보다 나는 일본 종합상사인 미쓰이 등과 거래한 경험이 있었던 터라 일본 온라인 시장에 도전해볼 수 있겠다는 생각이 들었다.

'럭셔리 재팬'이라는 회사명을 만들고 바로 일을 추진했다. 일본 사이트에서 온라인 도매업체를 찾고, 컨테이너로 물건을 수입하고, 물건이 한국에 도착하기 전에 한 달간의 판매 전략을 세웠다. 언어 연수를 온 일본인 대학생을 아르바이트생으로 채용해 내 옆에 앉혀놓고 곳곳에 이메일을 보냈다. 우리 물건을 구입할 만한 거래처를 온라인으로 전부 찾아서 직원들이 모두 함께 수백 곳의 업체에 DM을 보냈다. 핵심적인 작업에 선택과 집중을 한 것이다.

결과는 성공적이었다. 나중에는 야후재팬에 계정을 만들어 직접 판매를 병행했다. 다양한 도매 거래처가 있었지만, 외국에서 하는 일이라 안정적인 매출을 위해 직접 쇼핑몰 판매를 이어간 것이다.

이처럼 한 가지 목표를 최고까지 올려놓고 난 후에야 나는 다음 목표를 세웠다. 그런 과정을 여러 번 시도하고 나니 성취에 대한 노하우가 자연스럽게 쌓였다. 이루고자 하는 목표가 있는가? 그렇다면 하루에 한 시간씩 한 달만이라도 그 목표에 집중적으로 투자해보라. 가장 '핵심적인' 일에 시간을 할애한다면 분명 변화가 있을 것이다.

환경이 사람을
만든다

Q 엄마, 성공하려면 인맥이 중요해?

A 성공하려면 노력도 중요하지만 빠른 성장을 위해서는 환경
이 절대적으로 중요하지. 한 사람이 가진 능력은 한계가 있거든.
그래서 성장 단계마다 만나는 사람과 환경을 업그레이드하는
방법을 알아야 해. 알았지?

부자가 되는 과정은 혼자의 노력도 중요하지만, 결정적인 요소는 어떤 환경이 그의 노력을 뒷받침해주었느냐 하는 것이다. 미국의 동기부여 강연가인 짐 론Jim Rohn은 "우리는 가장 많은 시간을 함께 보내는 다섯 사람의 평균"이라고 말했다. 한마디로 내 주위의 사람들이 나의 성공 여부와 밀접한 관련이 있다는 뜻이다.

이 사실을 알게 된 이상 우리는 만나는 사람들, 즉 환경을 적극적으로 바꿔나갈 필요가 있다. 다시 말해 성장 단계마다 만나는 사람이 달라야 한다. 매 단계마다 만나는 사람이 나의 지원군이 되도록 해야 한다. 부자가 되는 과정에서는 단계마다 그들이 가진 정보나 인맥 등의 수준이 다르기 때문이다.

나는 정말 운 좋게도 젊은 시절부터 성공한 경제인들과 정재계의 다양한 인사들과 어울릴 수 있었다. 당시 나는 30대에 불과했지만 해외 무역을 하는 보기 드문 경력을 가진 커리어우먼이었기 때문이다. 무엇보다 성실하게 살아가는 모습을 꾸준히 보여줌으로써 그들의 신뢰를 얻었고, 그들은 내가 더 나아갈 수 있도록 지원을 아끼지 않았다. 자금 조달을 위해 대출이 필요할 때는 은행을 소개해주었고, 법률 자문이 필요한 경우에는 지인 중에서 최고의 변호사를 연결해주기도 했다. (부자들은 보통 자신의 시간을 매우 가치 있게 생각하지만, 끊임없이 도전하는 내 모습에 신선한 자극을 받은 것 같다.)

어려움을 토로하거나 도움을 요청하면 마술 지팡이라도 가지고 있는 것처럼 바로 해결해주는 그들을 보면서 깨달은 것이 있다. 나 역시 누군가가 손을 내밀면 그에게 제공할 수 있는 특출난 무기 하나쯤은 마련해두어야한다는 사실이다. 이후 나의 무기는 사업에 관해 물어보면 언제든 그 고민을 기꺼이 들어주고 조언해줄 수 있는 사람이 되었다는 것이다.

자신의 분야에서 최고가 되어라. 비록 최고가 되지 못할지언정 남에게 도움이 될 수 있는 정도만이라도 자신의 무기를 갈고 닦았으면 좋겠다. **남에게 가치 있는 사람이 되면 당신이 일부러 사람을 찾아가지 않아도 그들이 알아서 당신을 찾아온다.** 그러면 어디에서든 쭈뼛거리지 않고 당당하게 자신의 자리를 찾아낼 수 있다. 사진을 잘 찍는다면 어떤 모임에 가서도 그 순간을 아름답게 기억하도록 해주는 멋진 사진을 찍어주는 사람이 될 수 있고, 캘리그래피에 소질이 있다면 예쁜 카드를 만들어 사람들에게 선물하며 좋은 인상을 줄 수도 있다.

최고경영자 과정을 이수할 때였다. 동기 중에 와인에 대해 모르는 게 없는 와인 애호가인 여성분이 계셨다. 최고경영자 과정인 만큼 40대 이상의 수강생들이 많은 가운데 그녀는 비교적 어린 나이에도 불구하고 와인 동호회를 만들어 기업인들과 교류하며 친밀한 관계를 형성해나갔다. 그녀를 보며 남들과 차별화된 자신만의 재능을 갖는 것이 얼마나 큰 무기가 되는지 다시 한 번 깨달았다. 그러니 아무리 사소한 것일지라도 자신만의 무기를 갖기 위해 부단히 노력하자.

말투가 바뀌면
인생이 바뀐다

Q 엄마가 성공할 수 있었던 가장 큰 요인은 뭐였다고 생각
   해?

A 나는 부모님을 참 잘 만났어. 나는 20대 초반까지 내세울 게
전혀 없었어. 하지만 부모님은 항상 내 장점을 찾아 칭찬해주고
긍정적으로 이야기해주셨어. 그렇게 형성된 자존감이 내 성공의
원동력이 되었지. 그러니 항상 주변을 긍정적인 사람들로 채우고
스스로도 그런 사람이 되어야 해. 알았지?

내가 만나본 성공한 사람들의 말 속에는 대부분 '격려'와 '공감'이 있었다. 어린 시절의 나를 돌이켜보면 나는 칭찬할 만한 구석이 없는 아이였다. 하지만 아버지는 늘 나에게 칭찬을 아끼지 않으셨다. 뛰어난 실력도 아닌 나에게 "서경아, 너 진짜 머리 좋다"라고 해주셨고, 평범한 외모의 나를 보며 항상 "네가 제일 예쁘다"라며 내 증명사진을 넣어 다니면서 자랑하고 다니셨다.

그런 아버지가 내 나이 23세 때 돌아가셨다. 아버지가 돌아가시고 20대에 사업을 하며 깨달은 사실이 있다. 남들보다 뛰어난 능력을 가진 것도 아닌 내가 성공적으로 살아낼 수 있었던 것은 아버지의 무한한 격려와 칭찬 덕분이었음을 말이다.

지금도 잘 알지도 못하는 사람이 나를 보고 '뭐든 잘 해내실 분'이라고 말하면 왠지 그렇게 될 것 같고, 그렇게 살고 싶어진다. 하물며 부모가 자녀에게 건네는 말은 아이의 미래에 엄청난 영향력을 끼친다. 세상을 바라보는 관점이 달라지는 것이다. 그 증거가 바로 '나'이다. 그래서 나는 아이가 생기면 아버지가 나에게 준 긍정의 언어를 내 자녀에게도 꼭 해주어야겠다고 생각했다. 그것이 내가 줄 수 있는 가장 가치 있는 유산이라고 믿었다.

매사 긍정적이고 행복한 사람이 있다. 긍정 에너지를 퍼뜨려서 같이 있으면 더불어 행복해지게 하는 사람. 반대로 뭘 해도 불평불만이 끊이지 않는 사람이 있다. 부정적인 말로 곁에 있는 것만으로도 불안하고 불편한 사람. 그런 사람은 가까이하고 싶지도, 다시 만나고 싶지도 않다. TV만 봐도 부정적인 뉴스가 가득한데, 일상에서조차 부정의 언어를 마주하고 싶지는 않을 것이다. 평소 나의 말투는 어떠한지 항상 조심하고 경계해야 할 부분이다.

조금만 더 하면 가능할 것 같아.
아직 희망이 있어.
할 수 있어.
잘될 거야.
방법이 있을 거야.
내일은 더 잘할 수 있어.

내 주위를 긍정의 언어를 쓰는 사람들로 채워라. 자신 역시 그런 사람이 되도록 노력하라. 왜냐하면 **사람은 서로 비슷한 사람을 끌어당기기 때문이다.** 힘들고 어려운 때일수록 긍정의 말을 하라. 그래야 진짜 그렇게 된다.

부자가 되려면
옷차림부터 바꿔라

Q 엄마는 사업할 때 어떻게 사람들의 신뢰를 얻었어?

A 신뢰를 쌓기 위해선 상황에 맞는 모습을 갖추는 것도 중요해. 누군가를 처음 만날 때는 어쩔 수 없이 첫인상으로 판단하기 때문이지. 겉모습만으로 상대에게 굳이 선입견을 줄 필요는 없어. 언제나 당당하게 행동하고, 깨끗한 옷차림을 갖추는 게 기본이야. 알았지?

외적으로 '폼'이 필요할 때가 있다. 처음 사업을 시작했을 때 일로 만났는데도 나에게 선입견을 갖는 이들이 많았다. 당시에는 여성 사업가들이 많지 않은데다가 20대 여성 사업가는 더 없었기 때문이다.

큰 회사와 거래할 때면 상대방은 의심스러워하는 눈초리를 보이기도 했다. 어리니까, 여자니까, 돈이 없어 보이니까 쉽게 신뢰하지 못했던 것이다. 심지어 은행에서도 대출받기가 너무 까다로웠다. 당시 미혼인 나에게 남편에게 보증을 받아 오라는 말까지 했다. 없는 남편을 어디서 데려오냐고 화를 냈던 기억이 난다.

20대에 비슷한 경험을 수없이 겪은 후 나는 전략을 바꿨다. 그때까지 대우자동차의 '르망'을 타고 다녔는데, 20대 후반에 당시로서는 최고급 세단이었던 '그랜저'를 구입한 것이다. 최고급 차량이었던 만큼 당시 그랜저를 타는 사람은 소수에 불과했다. 그랜저를 타고 거래처에 방문했는데, 처음으로 경비원에게 90도 인사를 받았다. 거래처의 태도는 정중했고, 거래 역시 너무나 쉽게 성사되었다.

내 전략에는 그랜저만 있었던 것은 아니다. 나는 서류 가방에 일부러 현금을 가득 넣고 다녔다. 거래처에 금액을 지불할 때면 가방을 활짝 열어 돈다발을 보여주었다. 그랬더니 공장마다 '돈 많은 여자'라는 소문이 났다. 그때부터는 내가 공장을 찾아다니는 게 아니라 거래처들이 샘플을 들고 줄을 서서 찾아오기 시작했다.

이런 일도 있었다. 신사동에서 무역회사를 운영하던 나는 1996년 코엑스로 사무실을 이전했다. 그런데 얼마 지나지 않아 아셈타워를 세워야 한다며 사무실을 비우라고 했다. 많은 회사들이 나랏일이라며 물러섰지만 나는 끝까지 버티며 협상을 제안했다. 옆 건물에 제일 높은 빌딩인 무역센터로 옮겨달라는 제안이었다.

당시 무역센터는 외국의 큰 기업이나 우리나라 기업 중에서도 중견기업이 입주해 있었다. 임대료도 비싸고 층마다 한두 기업만 있었다. 임대료가 800만 원 정도였으니 주위 사람들은 나중에 더 힘들어진다며 오히려 나를 만류했다.

체구가 작고 아담하지만 대범한 편인 나는 남들이 안 된다고 하면 더 도전한다. 아무리 중소기업이지만 일반 관리비를 줄이는 데만 초점을 맞추지 말고 공간에 대한 투자도 필요하다고 생각했다. 당시 우리 회사는 일본이나 이탈리아에서 수입한 원단과 머플러를 삼성물산 전 브랜드와 중견 브랜드들에 납품하고 있었다. 그런 상황에서 무역센터 사무실은 그들에게 회사에 대한 신뢰감을 줄 수 있는 기회였다. 끈질긴 협상 끝에 결국 우리는 무역센터 34층에 60평 규모의 사무실에 입주할 수 있었다.

비즈니스 전략상 때로는 외적으로 '보여주는' 것이 중요한 순간들이 있다. 이것은 신뢰를 얻기 위한 전략을 말하는 것이지 남을 속이는 행동을 하라는 뜻은 아니다. 공정한 관계에서 비즈니스를 하기 위해서는 사람들을 만날 때 너무 굽신거리지 않아야 한다. 어깨를 펴고 당당하게 행동하고 깨끗한 옷차림을 하면 된다. 명품을 걸치라는 의미는 절대 아니다. 미국의 히스패닉계 사업가이자 동기부여가로도 활동하고 있는 댄 페냐의 말이 떠오른다.

"은행에 돈을 빌리러 갈 때는 대통령을 만나러 가는 차림으로 가라."

때와 장소에 어울리는 외모를 갖추는 것 역시 PR의 중요한 일부다.

의외로 모르는
피해야 할 사람

Q 엄마, 사업할 때 조심해야 할 사람을 어떻게 알 수 있어?

A 돈거래를 해보면 가장 쉽게 알 수 있어. 자잘한 돈이라고 사소하게 여기는 사람은 멀리하는 게 좋아. 남의 돈 1,000원이라도 귀하게 여기는 사람은 다른 일에서도 신용이 있는 사람이야. 알았지?.

우리는 매일 새로운 만남 속에서 살아가고 있다. 누구를 만나고, 누구를 안 만날지는 매우 까다로운 문제다. "열 길 물속은 알아도 한 길 사람 속은 모른다"라는 속담처럼 사람의 속마음을 파악하기란 너무 어렵기 때문이다. 오죽하면 삼성의 창업자 이병철 회장은 면접 볼 때 관상가를 곁에 두었다고 하지 않던가.

나는 작은 약속을 통해 사람을 분별하곤 한다. 그중에 가장 중요한 것은 소액의 돈이다. 사실 자잘한 돈은 잘 기억하지 못하고 잊어버리기 쉽다. 작은 금액이니까 생각나면 줘도 되겠지 하고 사소하게 생각할 수도 있다.

하지만 내 생각은 다르다. **남의 돈은 단돈 1,000원이라도 귀하고 소중하게 여겨야 한다.** 남의 돈 1,000원을 귀하게 여기는 사람이라면 큰돈 또한 소중히 여길 것이라는 사실은 충분히 짐작할 수 있다.

작은 약속을 소중히 여기는 사람은 큰 약속도 반드시 지킨다. 하지만 작은 약속을 사소하게 여기는 사람은 큰 약속도 사소하게 여기는 경우가 많다. 작든 크든 약속은 약속이다. 약속을 지키는 것은 신뢰의 기본이다.

사업할 때 가장
필요한 공부

Q 엄마, 사업 시작하기 전에 어떤 것들을 배워두면 좋을까?

A 많이 보고, 듣고, 경험해보는 게 중요하지. 국내는 물론 다른 나라도 많이 다녀보면 좋을 것 같아. 그러려면 어학 공부를 부지런히 하는 게 좋아. 영어는 물론 일본어, 중국어 등을 세컨드 랭귀지로 배우는 거지. 아무리 통번역기가 있어도 내가 직접 커뮤니케이션하는 것과는 다르거든. 그리고 언어를 알면 그 나라의 역사나 문화를 배우고 받아들이는 폭이 훨씬 커져. 직접 해외에 나가지 않아도 인터넷에서 외국어로 된 다양한 정보를 접할 수 있으니까 많은 도움이 될 거야. 알았지?

"세상은 넓고 할 일은 많다."

대우그룹 김우중 회장이 한 말로, 내가 좋아하는 글귀다. 해외 무역으로 다양한 경험을 하면서 아들이 어렸을 때부터 중요하게 가르치는 덕목이 있는데, 바로 글로벌 마인드다.

오래전 직원들과 함께 해외 출장을 간 적이 있었다. 해외 거래처에서는 바이어인 우리를 위해 현지 최고의 레스토랑에 초대했다. 그런데 함께 간 직원들은 외국 음식에 적응하지 못해 식사 시간을 제대로 즐기지 못했다. 그들은 호텔에 돌아가자마자 허겁지겁 컵라면부터 찾았다.

문제는 그뿐만이 아니었다. 직원들은 출장 간 나라의 역사나 문화에 대해 알고 있는 정보가 거의 없었다. 그러다 보니 업무에 관련된 대화 외에는 이야기를 이어가는 게 쉽지 않았다. 보통의 외국인들과는 비즈니스 관계로 만나도 자녀, 스포츠, 음악이나 와인 등 다양한 소재로 편안하게 이야기를 나누며 공통점을 찾고 공감대를 형성하기도 한다. 이는 국내 거래에서도 마찬가지다. 그런데 당시 직원들은 아무런 준비가 되어 있지 않았다. 그때 나는 나중에 아이가 생기면 꼭 글로벌 시대에 맞는 자세부터 가르쳐야겠다고 다짐했다.

글로벌 시대에 삶의 확장성을 위해서는 외국어를 배우는 것은 물론 거래하는 나라의 역사나 문화, 음식에 **관해 관심을 갖고 공부하기를 추천한다.** 해외여행은 더 이상 관광지를 다니며 음식 사진을 찍는 것으로 끝나선 안 된다. 해외에 나갔을 때 그 나라에 대해 알아보기 위해 예전에는 주로 재래시장을 추천했다면 요즘은 쇼핑몰도 권한다. 재래시장이나 쇼핑몰은 그 나라의 소비가 어떻게 이루어지는지를 한눈에 볼 수 있는 장소이기 때문이다.

전 세계가 하나의 시장으로 연결된 세상이다. 우리는 국내뿐 아니라 전 세계를 상대로 비즈니스를 해야 한다. 그러려면 어떤 능력이 필요한지 찾아보고, 그 능력을 갖춰야 세계 시장에 뛰어들 수 있다.

동기부여가 필요하면
이곳에 가세요

Q 엄마는 어떻게 성공에 대한 동기부여를 얻었어?

A 나는 20대부터 하얏트 같은 최고급 호텔을 일부러 자주 찾
아갔어. 강릉에서 나고 자랐기 때문에 아주 큰 부자를 만난 적
이 거의 없었거든. 그런데 서울에서 처음 호텔에 갔을 때 엄청나
게 동기부여를 받았어. 최고를 경험하니 욕망이 생겼거든. 그래
서 죽기 살기로 열심히 일했지. 호텔에서 성공자들을 관찰하다
보니 많은 것을 배울 수 있었어. 알았지?

가끔은 5성급 호텔에서 커피를 마셔라. 지금까지 살아오면서 내가 가장 많은 동기부여를 얻은 공간은 바로 '호텔'이다. 호텔에서만 느낄 수 있는 에너지와 동기부여가 있기 때문이다. 이 세상 최고의 럭셔리한 공간으로 만들기 위해 지어진 호텔을 경험해보면 누리고 싶은 '욕망'이 생긴다.

20대 후반, 명동에서 보세 사업을 할 때 출근하면서 나는 항상 하얏트 호텔에 들러 아침을 먹었다. 우연히 친구를 따라 가본 그곳의 우아하고 고급스러운 분위기에 흠뻑 매료되었기 때문이다. 이후 매일 아침 하얏트를 방문하며 목표에 대한 이미지를 깊이 각인시켰고, 사업하는 내내 어떤 어려움도 기꺼이 견뎌낼 수 있었다.

지금은 이름만 대면 누구나 알 만한 유명한 호텔들이 많지만, 당시에는 하얏트가 국내 최고의 호텔이었다. 손님들도 대부분 해외에서 비즈니스 목적으로 방문한 투숙객들이었다. 그들을 관찰하고 그들과 교류하는 것으로도 20대의 나는 많은 배움을 얻을 수 있었다.

요즘도 아들과 하얏트 호텔 뷔페를 가끔 가는데, 하루는 음식을 가지러 간 아들이 한동안 돌아오지 않았다. 한참 뒤에야 돌아온 아들은 우연히 만난 외국인 손님과 한 시간 정도 이야기를 나눴다고 했다. 그 외국인 손님은 미국의 한 일기예보 회사의 시니어급 임원이었는데, 호텔 직원들과 스스럼없이 스몰토크small talk를 하고 있었다. 음식을 가지러 가던 아들은 그들의 대화를 우연히 들었고, 그 모습이 너무 인상적이어서 비결을 물어보았다고 했다.

아들의 질문에 임원은 자신의 테이블로 아들을 초대해 다양한 대화를 이어나갔다. 아들은 그 테이블에서 한 시간 정도 이야기를 나눴는데, 그는 인간관계, 대화법, 리더십 등 다양한 소프트 스킬을 개선하기 위해 따로 돈을 내고 교육받고 있다고 했다. 심지어 MBA까지 마쳤지만, 배움은 거기서 끝나는 것이 아니라 평생에 걸쳐 이어진다고 말했다. 당시 아들은 첫 직장 입사를 앞두고 있었는데, 그 부분에 대해서도 많은 조언을 들었다고 했다. 성공의 애티튜드attitude에 대해 배운 것이다.

외국인들의 경우 처음 만난 사람과도 어느 정도 깊이 있는 대화를 하는 이들이 있다. 낯선 사람에 대한 경계심이 우리보다 덜하기 때문인데, 적극성을 발휘하면 좀 더 친밀한 대화를 나눌 수 있다. **성공의 노하우 중 하나는 성공자들을 관찰하고 벤치마킹하는 것이다.** 직접 대화를 해보지 않더라도 성공자들의 표정과 걸음걸이, 대화를 들어보면 어떤 태도로 분위기를 이끄는지 알아챌 수 있다. 이런 이유로 나는 아들에게 시그니엘, 하얏트, 조선팰리스 등 고급 호텔에 혼자라도 커피를 마시러 가보라고 권한다. 커피 가격은 대략 2만 원대로, 한 달에 한 번 정도는 자신을 위한 교육으로 투자할 가치는 있다고 본다.

꿈은 우리가 아는 만큼의 크기로 꿀 수 있다. 그리고 그 앎은 우리가 보고, 듣고, 경험한 것이 자기 안에서 숙성되어 있다가 필요한 순간에 드러나는 것이다. 그러니 더 많은 것을 경험하라.

청담동에 살아서
좋은 점

Q 엄마, 청담동에 사는 건 어떤 점이 좋아?

A 청담동은 부자들을 보고 배우기에 좋은 환경이야. '부자가 되려면 부자 옆으로 가라'는 말도 있잖아. 40년 전에 압구정동에 첫 깃발을 꽂고 수십 년 동안 압구정동과 청담동에 살면서 나는 기업 회장님이나 성공한 기업인들과 가까이 지내면서 그들이 상위 1퍼센트로 살아가는 노하우를 자연스레 습득할 수 있었어. 돈 안 드는 경제 공부를 한 것이 최고의 혜택이었어. 알았지?

사람들이 가진 부자의 기준은 각자 다르다. 20대에 내 기준에서의 부자는 지방에서 종합병원을 운영하는 우리 이모였다. 이모는 친척들 중에서 자주 만나는 어른이었고, 나는 이모를 통해 부자들이 어떤 생각을 하고 어떻게 행동하는지를 가까이에서 배울 수 있었다.

1986년 내가 서울에 왔을 때 살았던 곳은 압구정 한양아파트였다. 이모의 자녀들, 그러니까 내 사촌들이 서울로 유학 와서 살고 있던 곳이었다. 생각해보면 나는 운 좋게도 처음 서울에서 터를 잡은 곳이 압구정동이었고, 그때부터 수십 년 동안 이 근처에서 살고 있다. 우연히 부동산을 사게 됐을 때도 내가 가장 잘 아는 동네인 청담동에서 찾았고, 장사도 청담동에서 하게 되니 자연스레 부자 손님들을 자주 만나게 되었다.

청담동에서 살고 사업을 하면서 나는 꽤 많은 부자들을 만났다. 그들에게 물건을 팔기도 했고, 이야기를 나누며 무료로 부자 수업을 듣기도 했다. 구부러진 쑥도 삼밭에 나면 꼿꼿하게 자란다는 뜻의 '마중지봉麻中之蓬'이라는 고사성어가 있다. **나는 오래도록 청담동에 살고 부자들을 만나면서 자연스럽게 보고 배운 것들이 내 사업에도 큰 역할을 했다고 생각한다.** (청담동에서 꼬마빌딩을 산 것도 친구가 투자하는 것을 보고 배운 것이다.)

　　내가 청담동에서 만난 부자들은 업종에 상관없이 남들보다 더 열심히 도전하고 노력하며 살아온 분들이었다. 지금도 이웃들을 만나보면 집에 가만히 앉아 TV를 보거나 하릴없이 수다를 떠는 사람이 거의 없다. 오히려 나이가 들어도 배움을 놓지 않는다. 백화점 문화센터에서 재테크를 공부하고, 글쓰기나 그림 등을 배우며 전시회를 개최할 정도로 열정적으로 살아가고 있다. 그들의 행보가 나에게는 다시 자극제가 된다. '부자가 되려면 부자 옆으로 가라'는 말에 나는 100퍼센트 공감한다.

청담동 상위 1퍼센트의
소비 습관

Q 엄마, 청담동 부자들은 명품을 좋아해?

A 청담동 부자들은 명품에 대한 구매 욕구가 별로 없는 것 같
아. 언제라도 원할 때 살 수 있으니 굳이 누구한테 잘 보이려고
애쓰지 않는 거지. 대신 사업이나 부동산 공부를 하고, 취미로
는 그림이나 의미 있는 여행에 투자하는 것 같았어. 그래서 우리
끼리 만날 때는 그런 주제에 관련된 대화를 주로 했어. 명품 브랜
드에 관한 대화는 한 번도 해본 적이 없는 것 같아. 자기 스스로
가 명품이 되려고 노력했기 때문이야. 알았지?

요즘 패션계에는 '콰이어트 럭셔리Quiet Luxury'를 표방하는 일명 '올드 머니 룩Old Money Look'이 유행이다. 올드 머니란 집안 대대로 상속으로 물려받은 재산을 뜻하는 말로, 가치를 대놓고 드러내지 않는 럭셔리한 스타일이 대세다.

부자들의 이런 패션은 사실 오래전부터 시작되었다. 부자들은 브랜드 라벨이나 로고를 겉으로 드러내지 않는다. 그들은 제품의 품질이나 히스토리를 보고 구매하기 때문에 다른 사람에게 자랑하거나 보여줄 필요가 없다고 생각하기 때문이다.

30년 넘게 청담동에 살고 있는 나는 우리나라 상위 1퍼센트 부자들과 가까이 지내왔다. 그들은 사업이나 부동산, 미술, 여행 등에 관심이 많다. 사업은 개인의 성취를 떠나 사회적 역할을 할 수 있고, 부동산은 자산을 일구는 데 중요한 역할을 한다고 생각한다. 미술에 대한 관심도 상당해서 갤러리를 하는 분도 있다. 의미 있는 여행을 통해 비슷한 수준의 사람들과 교류하며 정보를 교환하기도 한다.

놀라운 사실은 성공한 부자들은 대부분 굉장히 검소하고 겸손하다는 점이다. 그들과 대화하면서 나는 한 번도 명품 브랜드에 관한 이야기를 들어보지 못했다. 지인 중에 청담동에 빌딩을 여러 개 보유하고 있는 부자가 있는데,

겉모습은 너무나 수수하다. 어느 날 명품 가방을 들고 왔길래 물어보니 며느리가 선물해줬다고 답했다. 충분히 누릴 수 있는 상황인데도 명품 가방을 들고 부끄러워하는 소녀 같은 모습을 보고 많은 것을 깨달았다.

부모가 명품 브랜드를 선호하고 과소비를 하면 자녀들은 소비의 기준이 부모에게 맞춰진다. 자녀에게 돈을 버는 기술보다 돈을 소비하는 방법부터 가르쳐야 하는 것이 중요한 이유다.

나 역시 명품에 관해서는 비슷한 가치관을 갖고 있다. 나는 이탈리아 명품 브랜드 재고를 수입하는 것으로 이탈리아 비즈니스를 시작했다. 하지만 팔다 남은 재고를 사용하는 것 외에 내가 직접 명품을 산 적은 없다. 이탈리아를 대상으로 무역업을 하는 나를 위해 결혼 초에 남편이 불가리 브랜드의 목걸이와 반지를 선물해주었지만, 한두 번 착용하고는 금고 안에 넣어두고 잊어버리고 있었다. 물론 명품을 나쁘다고 생각하지 않는다. 다만 본인의 능력이나 자산에 비해 과소비를 한다면 부자 되기란 물 건너갔다고 할 수 있다.

돈을 모으는 데 가장 기본이 되는 자세는 '절약'이다. 쇼핑이나 소비에서 행복을 느낀다면 종잣돈을 모을 수 없다. 종잣돈이라는 새싹이 땅 위로 올라오기도 전에 잘라버리는 격이니 돈 나무가 가지를 키우고 잎을 피울 수 없다.

'돈이 돈을 부른다'라는 말이 있다. 부자들은 돈을 눈덩이처럼 굴리는 것을 자주 본다. 요즘 같은 불경기에도 그들은 더 큰 부자가 된다. 항상 투자할 수 있는 현금을 보유하고 있기 때문이다.

부자가 되기를 원한다면 외적인 소비보다 자신의 가치를 올리고, 자산을 증가시키는 공부에 시간과 돈을 써야 한다. 소비로 만족을 채우고 나를 표현하는 삶이 아니라 자신이 가진 있는 그대로의 가치로 스스로 빛나는 사람이 진정한 부자다.

세상이 뒤집힐 때
부자 될 기회가 온다

Q 엄마만의 투자 노하우가 있어?

A   세상은 일정한 주기로 뒤집혀. 세상이 뒤집히면 그때 새로운
부자가 탄생하는 거야. 세상이 죽겠다고 아우성칠 때, 투자는
그때 들어가는 거야. 돈 있다고 아무 때나 하는 게 아니야. 기다
릴 줄 아는 사람이 승자가 되는 거야. 알았지?

나는 청담동과 압구정동에서 30년 이상 살았다. 오랜 세월 이 동네에 살면서 청담동과 압구정동의 부동산 변화를 지켜보면서 부자가 어떻게 탄생하고, 그들이 어떻게 부를 빠르게 축적해가는지를 직접 목격했다. 그들이 가진 부동산 자산은 결국 우상향한다는 사실도 배웠다.

부동산은 한번에 큰돈이 들어가는 자산이다. 하지만 돈이 없다고 1평씩 나눠 팔 수도 없다. 원치 않아도 장기 투자를 할 수밖에 없고, 가치 투자를 해야 하는 자산인 셈이다. 부동산이 가치 투자가 될 수 있는 이유는 인플레이션으로 돈의 가치가 떨어지기 때문이다. 물론 구입할 당시에도 목돈을 내고 부동산을 보유한 것이지만, 자본주의 시장에서 돈의 가치가 떨어지다 보니 부동산은 당연히 오를 수밖에 없는 원리다. 주식은 쉽게 사고팔 수 있어서 장기 투자가 어렵고, 결국 주린이들이 주식으로 돈을 많이 벌 수 없는 것도 같은 이치다.

퍼스트 클래스 승객들은 역사책을 많이 읽는다고 한다. 나 역시 몇 번의 투자를 하면서 왜 그들이 역사에 대해 공부하는지 이해하게 되었다. '역사는 반복된다'라고 하듯이 투자도 역사의 흐름에 따라 패턴이 있음을 상위 1퍼센트 부자들은 알고 있는 것이다.

우리나라의 경우 5~6년 정도의 주기로 세상이 뒤집
힌다. 국내 증시도 30년 동안 한 번도 빠짐 없이 같은 주기
로 반토막이 났다. 경제가 반토막 났을 때 부동산은 핵심
상권을, 주식은 1등 주식을 사야 한다. 세상이 뒤집히면 1, 2
등을 빼고 다 사라지기 때문이다. 위기가 끝나면 그 시장은
1등이 선점해 있는 것을 볼 수 있다.

청담동 명품거리도 IMF 시절엔 부동산이 반값이었
다. 부동산 가격이 곤두박질친 상황인데도 매매는 잘 이루
어지지 않았다. 우리나라 부동산에 대해서는 모두 한목소
리로 말한다. 지금 알고 있는 걸 그때도 알았더라면.

나 역시 수백 억 부자가 될 수 있는 기회를 눈앞에
두고 놓친 적이 있다. 내가 꼬마빌딩을 사려고 청담동 일대
를 돌아다니던 때였다. 지금은 유명 연예인들이 보유하고 있
는 고층 빌딩들도 당시엔 20억 원 이하의 가격이었다. 그때
는 부동산 공부를 하지 않아서 몰랐는데, 지나고 보니 당시
위기 상황에서 헐값이던 부동산이 지금은 10배 이상 상승
했다. 주식도 비슷하다. 코로나 팬데믹이 터지고 모든 주식
은 70퍼센트 하락했다. 하지만 역사의 흐름을 꿰뚫고 있는
이들은 그 상황에서 주식으로 큰돈을 버는 것을 보았다.

60대가 되어 돌이켜보니 이제야 투자 패턴이 보인다.

하지만 예전에 나는 재테크 공부가 되어 있지 않아 많은 기회를 놓쳤다. 내가 아들에게 투자 공부를 가장 강조하는 것도 나와 같은 후회를 하지 않기를 바라는 마음 때문이다. 사업소득으로 벌어들인 돈을 저축하는 것만으로는 자산 가치의 상승을 따라가기 어렵다. **부자는 시간이 지날수록 부자가 된다. 자산 가치의 상승으로 돈이 돈을 불려주기 때문이다.**

부자가 되고 싶다면 세상이 뒤집힐 것처럼 사람들이 벌벌 떨 때 투자하면 된다. 투자금이 적어도 조급하게 생각하지 말고, 몇 년에 한 번씩 투자한다고 생각하고 평소 부지런히 공부해두면 된다. 세상이 뒤집힐 때 준비된 사람에게는 부자 될 기회도 함께 온다.

인간관계에
너무 집착하지 마라

Q 엄마, 사업에서 인간관계가 얼마나 필요한 것 같아?

A 처음 사업을 시작할 때는 일부러 사람을 사귀려고 너무 쫓아다니지 않아야 해. 오히려 일에 더 집중해야지. 네가 일을 잘하고 특별한 사람이 되면 주위에 사람들이 모이게 되어 있어. 알았지?

살아가는 데 많은 인맥은 필요 없다. 마구잡이로 뻗어나간 인맥은 삶을 어지럽게 하고, 정돈되지 않은 상태로 만들 뿐이다. 처음 사업을 시작하는 사람들은 자신에게 필요한 공부를 뾰족하게 하면서 깊이 파고드는 것이 더 중요하다. 인맥 쌓기에 열중하느라 감정, 시간, 돈, 에너지를 모두 쓴다면 자신이 바라는 목표에 올곧이 집중하기가 어렵다.

독서 모임, 공부 모임 등 다양한 커뮤니티 활동을 하는 이들이 있다. 한 가지에 집중하려면 무분별한 모임은 자제하는 것이 좋다. 더 자유롭고 더 본질적이고 가치 있는 것에 집중하고 싶다면 스스로 온전히 성장하기 전까지는 적당한 거리가 필요하다. 적당한 거리감은 삶을 더 명료하게 하고, 원하는 것에 더 집중할 수 있게 해준다.

이제는 정밀하고 잘 다듬어진 인간관계가 더 중시되고 있다. **자신의 삶이 단정하고 정돈되길 원한다면 마구잡이식 인맥에 대한 욕구나 욕망에서 해방되어야 한다.** 오히려 자신의 가치에 집중하다 보면 알토란 같은 인맥이 저절로 생긴다.

"사인 받으려고 줄 서지 마라. 네가 사인하는 사람이 되어라." 내가 아들에게 자주 하는 말이다. 우선 자기 일을 잘해라. 그러면 당신과 친해지고 싶어 하는 사람이 생긴다.

주위에 사람이 몰리면 인맥에 대한 고민은 금세 해결되고, 원하는 목표와 경제적 자유도 빨리 이룰 수 있다. 그러니 다른 사람이 나와 관계를 맺고 싶어 하는 그런 사람이 되어라. 그게 먼저다.

조심해야 하는 경우도 있다. 단지 인맥만을 위해 의도적으로 접근하는 사람은 내가 퇴직하거나 재력이 소진되면 바로 떠나간다. 많은 사람을 곁에 두려 하지 말고, 나와 비슷한 가치관을 갖고 같은 방향으로 나아가는 사람과 가까이하라. SNS에서 만났다 하더라도 결이 같은 사람은 서로를 알아본다.

나는 전문 경영대학원을 10군데 정도 다녔다. 그곳에서 만난 사람들의 수도 엄청나다. 하지만 그들과 함께하는 골프 모임 등에 한 번도 참여하지 않았다. 지금도 골프를 치지는 않는다. 여러 사람이 모이려면 서로의 스케줄을 조율해야 하고, 대학원에서 만나는 것으로도 원만한 인간관계를 이어갈 수 있었기 때문이다.

사업가에게 시간은 정말 소중한 자산이다. 시간 기준을 나에게 맞추고 무리하지 않는 범위에서 소통해도 인간관계에 아무런 문제가 없다. 타인에게 맞추기보다 나에게 집중하면서 인정받는 사람이 되면 사람들은 저절로 가까이 온다. "남에게 보여주려고 인생을 낭비하지 말라"는 쇼펜하우어의 말처럼 우선 자기 자신에게 집중하라. 혼자 잘 살면 된다.

2장

사
업

╈

창업,
선택이 아닌 필수

사업가는
타고나는 것일까

Q 엄마, 사업을 시작한 걸 후회한 적 있어?

A 나는 내 인생에서 가장 잘한 결정이 창업인 것 같아. 다른 사
람이 내 가치를 함부로 매기게 놔둘 수 없잖아. 직장에서 잠깐
의 배움과 경험도 필요하지만, 지금과 같은 100세 시대에는 평생
직장을 갖기 어려워. 나는 사업을 통해 내 가치를 직접 매기면서
증명하고 있다고 생각해. 알았지?

내 고향은 강원도 강릉이다. 학창 시절 나는 특별하지 않았으며 존재감 없는 학생이었다. 지금 생각해보면 학교 다닐 때 무엇을 배웠는지도 기억이 안 날 정도로 공부에는 큰 흥미가 없었다. 그러니 꿈이나 목표와 같은 거대한 담론에 대해서는 깊이 고민해보지 않았다.

그러던 어느 날 내가 23세 때 어머니가 갑자기 패혈증으로 혼수상태가 되었고, 아버지는 심장마비로 돌아가셨다. 목재소를 하던 아버지가 가족에게 남긴 건 단돈 30만 원이 전부였다. 그 상황에서 우리 형제자매들은 자존심 때문이었는지 친척들에게 도움을 청하지도 않았다.

절망적이었다. 20여 년 살아오면서 가장 큰 위기가 닥친 시절이었다. 뭐라도 해야 했다. 당시 강릉에서 보세 옷 가게를 하고 있던 나는 월 매출로 50만 원을 벌고 있었다. 1980년 초반이었으니 적지 않은 금액이었다. 하지만 가족 생계에 어머니 병환으로 돈은 항상 모자랐고, 나는 보험 영업까지 해야 했다.

나는 옷 장사에 대해 배운 적이 없었다. 다만 패션에 관심이 많았던 언니가 서울에서 국제복장학원에 다녔고, 나도 멋 부리기를 좋아했기 때문에 의류 사업이 잘 맞았다. 20대가 되어 처음에는 강릉의 양장점에서 일했는데,

영업 능력이 뛰어나서 가게 매출을 높여주는 일등공신이었다. 내 능력을 알게 된 후 강릉에서 직접 옷 가게를 시작했고 꽤나 잘했다. 그리고 이왕이면 큰 무대에서 많은 돈을 벌고 싶다는 생각에 27세에 서울로 온 것이다.

그때부터 나는 수많은 도전을 했고, 어느 누구도 예상하지 못한 사업가로 성장했다. 지나고 보니 능력이란 간절함에서 발현되는 것 같다. 아버지의 죽음과 어머니의 병환으로 어떻게든 먹고살아야 했던 간절함이 내 사업의 시작을 만들어준 것이다.

사업은 특별한 사람만이 할 수 있는 것이 아니다. 학창 시절의 나를 아는 사람이라면 내가 사업가의 삶을 살 거라고 아무도 상상하지 못했을 것이다. 나 또한 예상하지 못했던 삶이다. 사람이 가진 잠재력은 아무도 모른다. 그러니 한계를 정할 필요가 없다. 내가 했다면 세상 누구도 해낼 수 있다. 사업을 하면서 배우는 것들은 비단 돈을 버는 것뿐만이 아니다. 리더십, 대인관계 등 인간의 모든 영역을 훈련받는 과정이다.

창업은 펼쳐진 하얀 도화지에 내가 원하는 세상을 그리는 일이다. 그림을 배우지 않았더라도 일단 붓을 들고 그림을 그려봐야 한다. 잘 그리든 못 그리든 시작하는 용기가 중요하다. 어떤 그림이 그려지든 상관없다. 당신이 그림을 그리기 시작했다면 결국 어느 시점에는 어떤 그림이든 완성되어 있을 것이다.

무엇보다 타인이 함부로 나의 가치를 매기도록 놔두지 마라. 스스로 가치를 높이는 유일한 길이 창업이다. 월급을 받는 사람이 아니라 주는 사람이 되어라.

창업하기 가장 좋은 시대에
살고 있다

Q 엄마는 어떻게 사업할 생각을 할 수 있었어?

A 과거에는 부모님이 사업하는 모습을 본 자녀들이 자연스럽게 창업하는 경우가 많았어. 나는 아버지가 목재소를 운영하시는 걸 보고 자랐어. 이모를 비롯해 사업가 기질이 뛰어난 외가쪽 여성들의 대범함을 닮은 것도 같아. 그런데 요즘은 자기가 관심 있고 잘하는 콘텐츠만 있다면 가정환경과 무관하게 누구든 창업을 할 수 있어. 꼭 물건을 파는 게 아니라 지식을 팔 수도 있어. 그러니까 두려워하지 말고 시도를 해봐. 알았지?

'창업'이라고 하면 상당한 자금과 두둑한 배짱이 필요한 시대가 있었다. 하지만 디지털 세상에서는 휴대폰 하나만 있어도 온라인 창업이 가능하다. 자본이 없으면 무자본 지식 창업도 할 수 있다. 20대에 서울에 와서 내가 도전한 첫 창업에 대해 이야기해보려고 한다. 흥미진진하게 들릴 수도 있겠지만, 예전에는 창업이 얼마나 힘든 일이었는지를 알려주기 위함이다.

1986년 서울에서 나는 명동에서 보세 옷 가게를 시작했다. 1980년대 당시 명동은 돈 많은 고객과 연예인들이 주로 드나들던 곳이었다. 내가 가진 돈은 500만 원이었고, 원하던 가게는 사보이호텔 1층이었다. 사보이호텔은 명동에서 가장 붐비는 곳에 위치해 있었고, 그곳의 2평 가게는 한마디로 노른자 땅이었다.

나는 한 달 정도 가게 주인을 쫓아다녔다. 비록 가진 돈은 별로 없었지만 나에게 임대해달라고 설득하고 또 설득했다. 결국 보증금 없이 월세만 내는 조건으로 그 가게를 계약했다. 보증금이 없는 대신 월세를 2배로 주겠다고 약속한 것이다. 1986년 임대료치고는 2평짜리가 월 80만 원(나는 160만 원을 제시했다)이었으니 얼마나 노른자 땅이었는지 짐작할 수 있을 것이다.

그런데 그게 가능했던 또 다른 이유가 있었다. 당시 명동 일대는 대학생들이 자주 데모를 해서 최루탄 연기로 문을 닫는 가게가 많았다. 내가 찜한 가게도 상황이 여의치 않았고, 덕분에 임대할 수 있었다.

임대 계약이 마무리되자마자 나는 조선호텔 지하의 반도 조선 아케이트를 찾아갔다. 그 가게에는 한국에서 생산해 미국으로 수출하고 남은 유명 브랜드의 재고 옷들이 있었다. 당시 수출 공장들은 불량 제품이 나올 것을 예상해 원단을 2퍼센트 정도 여유 있게 받아서 제품을 만들었는데, 그렇게 수출하고 남은 로스 제품이 시장으로 흘러나왔던 것이다.

나는 명동의 보세 옷 가게를 임대하자마자 그곳을 찾아가 위탁 판매를 제안했다. 예전에 강릉에서 옷 가게를 할 때 거래를 한 친분이 있었고, 무엇보다 시골에서 막 올라온 초보에 대해 경계심이 없어서 주인은 흔쾌히 물건을 제공해주었다.

하지만 안타깝게도 일주일 동안 손님이 거의 없었다. 임대료를 생각하면 하루에 10만 원은 벌어야 하는데 큰일이었다. 가게 양옆으로 비싼 이탈리아 명품 의류를 판매하는 가게들이 있었는데, 우리 가게도 그런 줄 알고 엄두를 못 내는 것 같았다. 일주일 동안 물건을 거의 못 팔고 뜬눈으로 지새웠다. 그러다가 문구점에 가서 하얀 도화지를 사서 창문에 붙였다.

오늘의 서비스
실크블라우스 1장에 5,000원.

장안동 공장에서 미국 브랜드의 수출 재고를 잔뜩 사 온 것이다. 블라우스는 한 장에 1,500원이었고 나는 3,000장이나 샀다. 도화지를 붙인 후 나는 가게 내부를 창고처럼 진열해서 '저렴한 가게'라는 이미지를 주었다. 그날부터 물건을 사려고 길게 줄을 선 손님들을 보면서 '됐다!' 하는 생각이 들었다. 그리고 7개월 후 나는 그 가게 임대권을 샀다.

사업은 매 순간 넘어야 할 벽이 있다. 자금이 필요하고, 가게도 구해야 한다. 팔아야 할 물건도 찾아야 하고, 사람들을 불러 모아야 한다. 하지만 **지금은 창업 자금 준비부터 아이템 발굴, 영업까지 단 며칠 만에 가능하다.** 그것도 몸으로 뛰어다니지 않고 클릭 몇 번으로도 할 수 있다.

무역회사를 운영할 때는 영어를 못하는 나를 대신

해 비즈니스 이메일을 쓰는 직원과 수입 서류를 정리하는 관리 직원, 나와 함께 영업하는 직원 등 최소 직원이 3~4명이 필요했다. 그런데 지금은 구글이나 파파고 번역기를 돌려 혼자 이메일을 쓸 수 있다. 물류 관리는 전문회사에 맡기면 되고, 영업은 블로그, 카페, 인스타그램, 유튜브 등 여러 플랫폼에 상품을 등록하면 도소매 거래를 할 수 있다. 심지어 영상 제작이나 라이브 커머스 등은 외주로 처리하면 된다.

누군가는 단군 이래 경기가 가장 어렵다고 말한다. 하지만 다른 한쪽에서는 단군 이래 가장 창업하기 좋은 시대라고 한다. 20대부터 꾸준히 창업을 해온 나로서는 후자에 한 표를 던진다.

사업에서 전공은
중요하지 않다

Q 엄마는 사업에서 전공이 중요하다고 생각해?

A 무역학과를 졸업해야만 무역을 할 수 있는 것은 아니야. 전
공과 상관없이 하고 싶다면 무슨 일이든 할 수 있지. 오히려 과도
한 전문성이 사업의 약점이 되는 경우도 있어. 실전 경험을 쌓는
것이 전공보다 더 필요한 경우가 많아. 알았지?

예전에 아들과 캐나다에서 지낸 적이 있다. 영어를 잘하지 못했지만 나는 학교 선생님이나 외국인들에게 서슴없이 다가갔다. 그럴 때마다 친하게 지내던 한국인 엄마들이 나를 말렸다. 그들은 완벽한 영어를 구사해야 한다고 생각했던 것 같다. 영어를 전공하거나 외국에서 공부한 엄마도 있었지만, 정확한 발음과 문법을 지켜야 한다는 부담감에 쉽게 입을 열지 않았다.

명동이나 이태원에 가보면 상인들이 외국인과 스스럼없이 대화하는 것을 볼 수 있다. 몇 개의 단어만 내뱉어도 대화가 통한다. 발음이나 문법은 가볍게 무시해도 소통하는 데 아무런 문제가 없다. 이게 생존 회화다.

중국의 각종 박람회에서도 비슷한 모습을 볼 수 있다. 유창하지 않은 실력이지만 제조공장 직원들이 자사 제품을 당당하게 소개한다. 의미만 확실하게 전달되면 오케이! 완벽한 문법이나 발음은 어디에서도 찾아볼 수 없다.

비슷한 예로 나는 이탈리아 원단을 수입해 국내 브랜드에 판매할 때 영업 담당으로 섬유학을 전공한 직원을 채용한 적이 없다. 섬유학을 전공한 사람은 섬유에 대한 이론적인 지식은 많았지만 영업 능력은 약했기 때문이다. 반대로 섬유와 상관없는 전기와 기계를 전공한 영업 담당자를 채용한 적이 있었는데, 상당히 신기한(?) 방식으로 영업을 했다. 섬유에 대해 잘 모르던 그 영업자는 "무조건 좋습니다"를 연발하며 밀어붙이는 것이었다. 신기하게도 영업 직원들 중 그들이 가장 높은 성과를 올렸다.

무역학과를 나와야만 무역을 할 수 있는 것은 아니다. 경영학을 전공해야만 경영을 할 수 있는 것도 아니다. 패션학을 전공하는 것과 팔리는 옷을 잘 만드는 것은 별개의 이야기다. **'전공이 아니에요', '영어를 못해요' 등이 도전을 가로막는 이유는 되지 못한다.**

사업 시작 전에 반드시
알아야 할 2가지

Q 엄마, 사업 경험이 없는 사람들은 어떻게 시작하면 좋
  을까?

A 단골 고객을 만들고 리스크가 적은 아이템을 고르는 게 중
요해. 단골 고객은 SNS를 통해 만들고, 리스크 높은 아이템을
피하면 초기 부담이 줄어들어. 알았지?

사업을 하고 싶은데 어디서부터 어떻게 시작해야 할지 모르겠다고 질문하는 사람들이 많다. 아무리 많은 책을 읽어도 실행하는 데는 어려움이 따른다. 사업을 책으로 배우는 데는 분명 한계가 있다.

창업에 대해 너무 크게 생각하지 마라. 사업을 거창하게 시작하는 것은 위험한 발상이다. 예전에 대기업이 패션 브랜드를 만들면 망하는 경우가 많았다. 거대한 조직으로 시작했기 때문이다. 한때 잠뱅이, 뱅뱅 등의 브랜드가 잘나가던 시절이 있었다. 그 브랜드의 창업자들은 재래시장 출신으로 디자인, 생산, 영업을 부부나 혼자서 하는 식으로 최소의 인원으로 시작했다. 그들이 성공할 수 있는 확률이 높은 이유다.

사업은 안방에서 시작하면 된다. 아주 작게 시작해 배우면서 조금씩 키워가야 한다. 초보 창업자라면 ① 리스크가 적은 아이템 ② 단골 고객 확보에 신경 쓰면 된다.

무엇으로 사업을 하면 좋을지를 물어보면 나는 '리스크가 적은 것'이라고 답한다. 예를 들어 의류 카테고리의 경우 트렌드가 자주 바뀌고, 사이즈나 컬러도 다양해 초보자가 접근하기 쉽지 않다. 식품의 경우도 마찬가지다. 유통기한이 있는 신선식품이나 보관이 까다로운 채소나 과일과 같은 제품도 초보자에게는 비교적 어려운 품목이다. 수영복, 스키복, 선글라스 등 시기를 놓치면 재고가 쌓이기 쉬운 계절 상품도 피하는 것이 좋다. 이것저것 다 빼고 나면 고를 게 없다고 투덜댈지도 모르겠다. 하지만 잘 살펴보면 리스크가 적은 '무엇'을 찾아낼 수 있을 것이다.

아이템이 정해졌다면 다음은 고객 확보다. 그중에서 단골 고객을 만드는 것은 매우 중요한 일이다. 예전에 비해 요즘은 SNS를 통해 우리 제품에 관심 있을 만한 잠재고객을 찾는 과정이 쉬워졌다. 꾸준한 SNS 활동으로 서로 소통하다 보면 미래의 단골 고객을 충분히 만들 수 있다.

많은 수의 팔로워가 필요한 게 아니다. 의미 없이 숫자만 많은 팔로워보다 200~300명이라도 꾸준히 소통하며 친분을 쌓아가는 관계가 더 좋다. 오프라인에서 가게를 오픈한다고 했을 때 단골 고객을 100명 만들기도 어렵다. 하지만 온라인에서는 짧은 기간에 단골 고객을 그보다 더 많이 확보할 수도 있다.

창업에 대해 어렵고 두려워하는 마음은 충분히 이해한다. 물론 과거에 창업이란 아무나 도전할 수 있는 일이 아니었다. 초기 비용이 크고, 오프라인으로 판매가 이루어졌기 때문에 시간적으로도 얽매일 수밖에 없었다. 하지만 요즘은 무자본으로, 나이와 지역에 상관없이 자신이 관심 있고 잘하는 분야가 있다면 창업에 도전해볼 수 있다.

완벽하게 시작하려고 재고 따지면서 망설이기보다 일단 실행하는 것이 중요하다. 처음부터 잘하는 사람은 없다. **모든 일은 하면서 배우는 것이다.**

사업 아이템을
선정하는 기준

Q 엄마, 사업 아이템을 고르는 노하우가 있어?

A 사업 아이템은 일단 덩치가 작아야 해. 루이비통, 구찌 등
이 위치한 청담동 명품거리는 예전에는 유럽에서 수입한 가구들
을 판매하는 가게들이 있었어. 럭셔리 가구를 전시하는 가게들
은 1층부터 3, 4층까지 전 층을 사용하는 경우가 많았어. 그런데
IMF가 터지니까 그 가게들부터 문을 닫았어. 가구점은 혼자 운
영하기 힘들고, 공간 차지를 많이 하기 때문에 임대료도 많이 나
가기 때문이지. 사업에서 리스크 관리는 정말 중요해. 알았지?

20대에 나는 보세 의류로 처음 장사를 시작했다. 옷 장사는 사업 아이템 중에서도 어려운 아이템에 속한다. 컬러에 민감하고 사이즈가 다양하기 때문이다. 심지어 디자인도 시즌별로 바뀌기 때문에 유행에 민감하고, 그러다 보니 재고가 쌓이기도 쉽다.

나중에 무역을 시작하면서 의류 수입에서 원단 수입으로 바꾼 이유도 리스크를 줄이기 위해서였다. 하지만 원단을 컨테이너로 수입하다 보니 품질 검사에 어려움이 있었고, 수입한 원단에 하자가 생길 경우 많은 물량을 불량 처리해야 했다.

결국 여러 번의 시행착오를 겪다가 마지막에 만나게 된 사업이 '머플러' 비즈니스다. 머플러는 불량률이 원단이나 의류에 비해 적었고, 유행에도 크게 민감하지 않았다. 거기에서 한 단계 더 나아가 나는 캐주얼 브랜드만 거래했다. 여성 브랜드는 컬러에 민감하기 때문에 클레임claim 확률이 높았고, 남성 브랜드의 경우 주문 수량이 너무 적었다. 그에 반해 캐주얼 브랜드는 주문 수량이 많고 까다롭지도 않았다. 지난 20년 동안 삼성물산 캐주얼 브랜드, 인디언, 뱅뱅, 마루등 우리나라 캐주얼 브랜드에 머플러를 납품했다.

사업을 하다 보면 리스크 관리가 정말 중요하다. **처**

음 시작한 품목이 무엇이든지 간에 리스크가 낮은 아이템으로 바꿔나가야 한다. 온라인 시대를 맞이해 새로운 비즈니스 아이템을 찾고 있는 이들을 위해 몇 가지 선정 기준을 제시한다. 도움이 되길 바란다.

온라인 사업 아이템의 선정 기준

1.혼자서도 할 수 있어야 한다.

2. 온라인 판매가 가능해야 한다.

3. 계절을 타지 않아야 한다.

4. 휴대폰 하나로 사업이 가능해야 한다.

사업할 때 이것 모르면
망해요

Q 엄마, 사업할 때 가장 조심해야 되는 게 뭐야?

A 사업은 계약에서 시작해서 계약으로 끝나. 노동 계약, 거래
계약, 임대차 계약 등 사업에서 모든 것은 계약으로 이루어져 있
어. 사업할 때 생기는 대부분의 문제는 제대로 된 계약서를 안
써서 발생하는 거야. 그러니까 중요한 계약은 반드시 변호사나
법무사를 끼고 작성해야 돼. 알았지?

부동산의 경우 상가를 구하는 과정에서 임대차 계약서가 중요하다. 사업 관계에서는 고용주 입장에서도, 직원 입장에서도 노동 계약이 제대로 이루어져 있는지 반드시 확인해야 한다. 우리나라의 법은 노동자를 보호하는 방향으로 작성되어 있다. 제대로 된 계약서를 작성하지 않으면 노동법 위반 사례가 빈번하게 발행할 수 있다.

특히 사업가들에게는 계약서가 정말 중요하다. **계약서는 수천 번 강조하고 또 강조할 만큼 중요하다.** 대기업이 아닌 중소기업이나 개인 사업가의 경우 모든 거래에서 제대로 된 계약서 작성이 이루어지지 않는 경우가 많다. 이는 법률사무소의 문턱이 높다고 느끼기 때문이다.

사업을 하면서 물건을 사고팔 때도 거래계약서를 작성해야 하는데, 귀찮다는 이유로 계약서를 작성하지 않거나 종이 한 장으로 대충 작성하는 경우가 있다. 일반인이 보기에 법률 용어는 어렵고 민감하기 때문에 개인 간에 작성하다 보면 큰 문제가 발생하기도 한다. 예를 들어 상표권 침해로 상표권자로부터 손해 배상을 청구받을 수 있는데, 이는 매우 조심해야 하는 부분이다.

남대문시장이나 동대문시장 또는 온라인 스토어에서 브랜드 제품을 라이센스 계약 없이 판매하는 이들이 있다. 나 또한 오랜 기간 사업하면서 많은 법적 분쟁에 휩싸인 적 있었고, 사업 초기에는 제대로 된 계약서가 없어서 손해를 보기도 했다. 때로는 상대방이 잘못했는데도 계약서가 없어 불이익을 받는 경우도 있었다. 그래서 이제는 어떤 일을 하든 계약서의 중요성을 인지하고 법무사나 변호사를 찾아간다. (내 경우 계약과 관련된 건은 법무사를 찾아갔고, 금액이 크거나 법적인 분쟁이 생긴 경우에는 변호사와 상담했다.)

법률 상담은 보통 시간 단위로 비용이 청구된다. 그러니 사전에 질문할 내용을 꼼꼼히 작성한 후 상담을 진행하는 것이 좋다. 적은 비용으로 전화 상담도 가능하니 너무 부담 갖지 않아도 된다. 중요한 것은 문제의 소지가 발생하지 않도록 제대로 된 계약서를 작성하는 것임을 잊지 말자.

절대로 망하지 않는
창업 노하우

Q 엄마, 어떻게 하면 망하지 않고 창업할 수 있어?

A 장사는 책으로 배우는 게 아니야. 현장에서 배우는 거지. 식당을 창업하고 싶으면 먼저 맛집에 가서 일해보면 돼. 직접 해보면 관련 분야의 노하우를 짧은 시간에 바로 배울 수가 있어. 알았지?

책을 읽고 지식을 쌓는 것과 결단을 내리고 지식을 실행하는 것은 큰 차이가 있다. 지나치게 망설이고 생각이 많으면 한 발짝도 내딛지 못하게 된다. 나는 20대에 장사를 시작했다. 사업을 하면서 부지런히 뛰어다니다 보니 나는 남들보다 영업과 고객 응대 능력이 뛰어나다는 것을 알게 되었다. 직접 해보기 전에는 나도 몰랐던 능력이다.

창업을 할 때는 사업가의 손발이 바쁘게 움직이는 일을 하는 것이 좋다. 김치 장사를 하던 지인이 있었다. 그녀는 평소에도 음식을 정갈하게 잘했지만, 특히 주위 사람들에게 "김치가 맛있다"라는 이야기를 자주 들었다. 고민하던 끝에 그녀는 월세로 살던 아파트에서 김치 장사를 시작했고, 결국 아파트까지 장만했다.

자신이 가진 능력, 자신의 손발을 바삐 움직여서 할 수 있는 일을 하라. 그런 일은 품은 들지만 돈을 많이 들이지 않고 가볍게 시작할 수 있다. 처음에는 작게 시작해 반응을 보면서 키워가면 된다.

창업이 두렵다면 가장 짧은 시간에 확실히 배울 수 있는 방법이 있다. **경험만큼 귀한 자산은 없다.** 옷 가게를 하고 싶다면 시작하면 된다. 창업을 하라는 것이 아니다. 재래시장을 둘러보고 자기 스타일의 옷 가게를 찾아가 그곳에서 판매직으로 경험을 쌓으라는 것이다. 의류 관련 창업을 할 때 가장 중요한 것은 물건 소싱sourcing이기 때문이다. 동대문시장이나 남대문 의류시장에 가면 상시로 판매직을 구인하는 광고를 볼 수 있다. 실제 현장에서 소비자들이 어떤 상품을 자주 구입하는지, 트렌드가 어떤지 등을 익힌 다음 창업한다면 실패할 확률이 훨씬 줄어든다.

다른 업종도 마찬가지다. 식당을 하고 싶다면 유명 맛집에서 주방이든 서빙이든 아르바이트를 해보라고 말해주고 싶다. 이런 경우 가능한 작은 가게에서 일하는 것이 좋다. 체인점이나 큰 가게의 경우 파트가 나누어져 있거나 매뉴얼에 따라 운영되어 사업의 전반적인 흐름을 파악하는 게 제한적이다. 하지만 작은 가게에서는 여러 파트를 담당해볼 수 있어서 두루두루 배울 수 있기 때문이다. 대기업 출신보다 중소기업 출신들이 창업을 더 잘하는 것도 이런 이유에서다.

다만 주의할 점은 장사를 배우기 위해 일할 때는 너무 따지지 않아야 한다. 급여가 적다거나 일이 너무 많다고 머뭇거린다면 절대 일자리를 구할 수 없다. 돈을 주고 배워야 하는 배움을 적은 돈이지만 받으면서 배운다는 자세라면 충분하다.

실제로 우리 조카는 패션에 관심이 많았는데, 군대를 전역한 다음 날부터 바로 동대문 의류시장에서 직장을 구하라고 했다. 이제 일을 시작한 지 4년 정도 되었는데, 어느 가게에서 어떤 품목이 잘 팔리는지 등 시장 돌아가는 흐름에 대해서는 공부가 끝났다. 앞으로 조카는 동대문시장을 벗어나 제조나 유통은 물론 어떤 사업을 하더라도 다른 사람보다 잘할 수 있을 것이다.

창업하고 싶은데
자금이 없다면

Q 엄마, 어떻게 무자본으로 사업할 수 있어?

A 나는 돈이 없을 때 다른 형태의 가치를 제공했어. 내 경험과
능력을 어필해 투자자와 동업한 적도 있어. 자본이 없다는 것은
창업하는 데 전혀 장애가 되지 않아. 알았지?

사업하면서 나는 항상 돈이 있었던 것이 아니다. 다만 **자금이 없을 때는 레버리지나 역제안 등을 통해 돌파구를 찾았다.** 그중에는 '동업'도 하나의 방법이었다.

20대에 서울에 와서 남대문시장에서 도매 장사를 시작하려 했는데 나에겐 창업 자금이 없었다. 그래서 자본금이 있는 후배에게 제안했다. 일은 내가 할 테니 너는 자금을 투자하라고. 후배는 의류 장사 경험이 없는데다 영업도 몰랐기에 판매 경험이 풍부한 내 제안에 흔쾌히 승낙했다.

돈을 한 푼도 투자하지 않았기에 나는 몸이 부서져라 열심히 일했다. 매일 새벽마다 동대문종합시장에서 원단을 구매해 공장에 옷을 의뢰했다. 후배는 가게에서 손님을 응대하며 역할을 분담했다. 이후 2년 동안 투자금의 몇 배를 회수할 만큼 큰 수익을 올렸고, 내 건강이 나빠져 그만둘 때까지 성공적으로 동업을 이어갈 수 있었다.

동업을 잘하려면 알아야 할 게 몇 가지 있다. 먼저 내가 잘하는 것이나 특기, 경험 등을 전부 자료로 만들어야 한다. 아르바이트나 회사 경험, 지금까지 배운 기술이나 공부 등 다양한 무형자산이 해당된다. 아무리 친한 사이라도 금전적인 투자와 연관되기 때문에 근거를 갖춰두면 전략적이고 체계적이라는 인상을 줄 수 있다. 상대의 신뢰를 얻는 것 또한 물론이다. 이는 반드시 동업이 아니어도 외부와 협업하거나 제안할 때도 필요하다.

계약서 역시 내가 항상 강조하는 부분이다. 업무에 관한 역할 분담을 명확히 명시한 계약서를 만들어두는 것이 좋다. 이런 계약서가 없어서 분쟁이 일어난 사례를 너무 많이 보았기 때문이다. 업무 분담에 대해서는 자신이 맡은 역할을 기재하고, 상대방이 맡을 역할은 공란으로 남긴 후 협상하면서 채워나가면 된다. 물론 서로의 업무를 명확히 논의한 후 계약서를 작성해도 된다.

계약서가 최종 마무리되면 변호사나 법무사를 통해 공증을 받아야 한다. 아는 사이에 공증까지 받아야 할까 싶지만 친한 사이일수록 더 필요하다. 중요한 협업이라면 말할 것도 없다.

충분한 자금을 갖고 사업을 하면 당연히 더 쉽고 편하다. 하지만 절박함은 덜할 수 있다. 절박한 상황이 되면 아이디어를 짜내고 돌파구를 찾는 귀한 경험을 할 수 있다. 이런 경험은 돈으로 환산할 수 없는 엄청난 자산이 된다. 내 경우에도 그런 경험들이 모여 새로운 창업을 할 때 성공 확률을 높여주었다.

지금은 예전에 비해 무자본으로도 도전할 수 있는

일이 많아졌다. 자신만의 강력한 무기를 만들어두면 기회는 반드시 온다. 창업 자금보다 더 중요한 것은 남들과 다르게 바라보는 관점이다. 돈이 있어야지만 사업을 할 수 있다는 관점부터 바꿔라.

월 2,000만 원 벌게 해준
사업 아이템

Q 엄마, 초보가 가장 접근하기 쉬운 창업 아이템이 뭐라고
생각해?

A 내 생각엔 에어비앤비 같아. 남는 방 하나만 있으면 바로 사
업을 시작할 수 있거든. 중요한 건 대상과 장소를 명확히 설정하
는 거야. 나도 한류 팬을 대상으로 6여 년 동안 에어비앤비를 운
영해보니 누구든지 할 수 있겠다는 생각이 들었어. 알았지?

내 생각에 누구라도 경험 없이 시도해볼 수 있는 사업은 에어비앤비 같다. 자기 집의 빈방을 활용할 수도 있고, 임대를 얻어 시작해볼 수도 있다. 방향성만 어느 정도 파악하면 인테리어나 월세 등의 리스크를 최소화하면서 시작해볼 수 있는 사업이다.

여전히 호텔을 찾는 이도 있지만, 요즘은 가성비 등을 감안해 에어비앤비를 활용하는 이들이 많이 늘어나고 있다. 2014년 즈음 나도 청담동에서 K-POP 팬들을 대상으로 한 숙소를 운영해 한 달에 2,000만 원 이상의 수익을 낸 적이 있다. 당시 무역업을 하면서 부업으로 해보았는데, 나처럼 직장인도 부업으로 운영해보기 좋은 사업 아이템이다.

국내 여행객 대상이 아닌 해외 여행객이나 K-POP 팬들이 타깃이라면 쇼핑을 자주 하는 명동이나 동대문 주위, 혹은 대형 엔터테인먼트 회사 근처에서 시작해볼 것을 추천한다. 유명 소속사 앞에는 팬들이 건물 주위나 근처 카페에서 진을 치고 있는 모습을 흔히 볼 수 있는데, 숙소가 소속사 근처라면 더할 나위 없다.

에어비앤비의 경우 또 다른 비즈니스로 이어질 수도 있다. 에어비앤비를 운영할 당시 나는 일본 K-POP 팬들을 대상으로 트위터를 개설했다. 에어비앤비를 6여 년 동안 유지하면서 숙소를 다녀간 손님을 포함해 7,000여 명 이상이 트위터에서 같이 활동하고 있었다.

중요한 것은 그들은 단순 팔로워가 아니라 6년 동안 꾸준히 숙박하며 교류해온 찐팬이라는 점이다. 자국으로 돌아간 뒤에도 나는 그들을 대상으로 한류와 관련된 화장품 등 다양한 커뮤니티 비즈니스를 해왔으며, 새로운 사업 아이템을 찾을 때면 그들이 자기 나라에서 유행하는 아이템을 추천해주기도 했다. **한 번도 창업을 경험해보지 않았다면 리스크를 최소화할 수 있는 에어비앤비를 권한다.**

가장 효율적인
무자본 창업

Q 엄마, 새로운 사업을 시작하는 엄마만의 노하우가 있어?

A 나는 새로운 사업을 시작하기 전에 명함과 블로그를 먼저 만들어서 블로그에 관련 정보를 계속 축적했어. 그 분야의 전문가로 인식하게 하는 거야. 그리고 어느 시점이 되면 바로 스타트 했지. 그런 과정을 통해 분야의 전문가가 되면 신뢰가 쌓이고 무엇이든 팔 수 있거든. 알았지?

비즈니스 세상은 이제 두 가지 부류로 나뉠 것이다. 소셜미디어에 올라탄 사람과 그렇지 않은 사람. 사업에서 소셜미디어는 선택이 아니다. 필수다. 과거의 방식으로는 더 이상 한 단계 업그레이드가 힘들다.

사업을 시작하기 전, 스스로 전문가로 브랜딩이 되면 창업이 쉬워진다. 어떤 분야든 전문가라는 인식이 있으면 신뢰가 형성되고 거래가 원활하게 이루어지기 때문이다.

나는 패션 비즈니스 외에도 여러 종류의 사업을 경험했고, 지금도 하고 있다. 다양한 분야에서 창업하기 위해서는 특별한 전략이 필요하다. **내 경우 새로운 분야를 시작할 때 반드시 진행하는 전략이 있다. 바로 '명함 만들기'와 '블로그 개설'이나.**

사업을 시작하기 전에 명함을 미리 만드는 이유는 반드시 이 사업을 하겠다는 자신과의 약속이다. 명함에는 사업의 정체성이 그대로 드러난다. 회사명과 자신의 직함이 들어 있어서 사업의 방향성을 정리하는 데도 도움이 된다. 뿐만 아니라 명함 한 장으로 해당 분야의 전문가라는 이미지가 만들어져 창업이 더 쉬워진다. (특히 지금까지 만난 사람 가운데 내 명함에 대해 코멘트를 하지 않는 사람이 없을 정도로 감각적이고 세련된 첫인상을 주는 명함을 만든다.)

나는 강원도 바닷가에 세컨드 하우스를 지어 에어비앤비로 운영하고 있다. 코로나 팬데믹으로 사람들이 단독 펜션을 선호하던 때 생각한 아이디어였다. 노트북을 켜면 어디서든 일할 수 있는 워케이션worcation 시대는 코로나로 인해 더 선명해졌다. 나 역시 아들이 초등학교 4학년 때부터 캐나다 벤쿠버에서 4년 정도 거주하면서 그곳 사람들의 워케이션과 노마드 라이프Nomad Life를 동경해왔다.

그러다가 코로나 시기에 고향인 강릉이 번뜩 떠올랐다. 친정 언니가 강릉 송정해변 근처에 살고 있어서 주변의 판잣집을 구할 수 있었다. 집 앞으로는 송정해변 산책길이 뻗어 있었고, 앞마당에는 50년 이상 된 멋진 소나무도 자리하고 있었다. 목재소를 운영하던 아버지 덕분에 전문 직업인 못지않은 손재주를 가진 친정 오빠가 리모델링을 맡아주었다.

공사가 시작되고 얼마 뒤 나는 블로그를 개설해 창고 같던 판잣집이 근사한 통나무집으로 리모델링되는 전 과정을 공유했다. 기존 집을 철거한 후 새로운 집의 콘셉트를 정하는 과정부터 내부는 편백나무로 처리하고, 버려진 나무로 담장을 만들고, 가드닝 잘하는 언니가 아름다운 정원을 만들어내기까지 모든 과정을 올렸다.

그러자 워케이션을 위해 마련한 통나무집을 보고 주위 사람들이 비슷하게 공사를 해줄 수 있는지 문의해오기 시작했다. (이후 친정 오빠는 다른 공사를 맡아서 계속 일하고 있다.) 4개월 동안의 공사가 마무리된 7월 초가 되자 먼저 숙박을 문의하는 이들이 생겼다. 결국 워케이션을 위해 마련한 세컨드 하우스는 에어비앤비를 통해 오픈했고, 여름 내내 만실이 되면서 1,000만 원 이상의 수익을 만들어주었다.

새로운 사업에 도전한다면 주변에 널리 알려라. 전문적인 홈페이지 없이 블로그만으로도 충분하다. 자본을 투자해야 하는 다른 사업들에 비해 가장 쉽고 리스크 없이 해볼 수 있다. 블로그에 꾸준히 콘텐츠를 올리다 보면 사전 홍보 효과도 있지만, 시간이 지나면서 쌓인 콘텐츠가 분야 전문가로 업그레이드 시켜주는 역할도 한다.

효율적인 무자본 창업으로는 관심 분야에 대한 콘텐츠를 꾸준히 제작하는 것도 추천하는 방법이다. 강아지를 좋아하는 사람은 강아지에 대한 정보를 꾸준히 업로드하거나, 요리를 잘하는 사람은 콘셉트를 정해 요리하는 과정을 지속적으로 보여주는 것이다. 워케이션 시대라 사무실도 필요 없다. 산이든 바다든, 서울이든 제주든, 인터넷만 된다면 노트북이나 휴대폰으로 사업을 시작할 수 있다.

무엇을 파느냐보다 누가 파느냐가 중요한 퍼스널 브랜딩Personal Branding 시대다. 자신의 경험과 장점을 발휘해 분야 전문가임을 꾸준히 알리고 고객이 믿고 사는 브랜드가 되어야 한다. 퍼스널 브랜딩이 잘되면 파는 사람을 보고 구매가 이루어진다. 소셜미디어 시대에 가장 효과적인 창업 전략은 SNS를 활용한 브랜딩과 관심사 기반의 모객이다.

판매할 제품은
이렇게 사 오세요

Q 엄마, 장사할 때 물건 사 오는 요령이 있어?

A 중요한 건 단가를 무조건 깎으면 안 돼. 제조나 도매는 마진이 뻔하기 때문에 값을 깎으려고만 하면 진짜 좋은 제품을 받기가 힘들어. 정상적인 금액을 주고 물건을 받아 온 다음 유통 마진을 더 남기면 돼. 왜냐하면 유통 마진이 가장 크기 때문이야. 알았지?

비즈니스는 보통 유통업자들이 가장 큰 이익을 가져간다. 이것이 내가 직접 제조를 하지 않는 이유다. 도매시장에서 물건을 구해 판매하다가 매출이 늘어나면 더 큰 이익을 좇아 직접 제조에 뛰어드는 이들이 있다. 매출 규모가 아주 큰 경우를 제외하고 그 방법은 추천하고 싶지 않다. 나도 예전에 해본 적 있지만, 제조를 위해 공장에 직접 생산 의뢰를 해본 사람은 그 이유를 단번에 알 것이다.

유통은 혼자서도 가능하다. 심지어 직원이나 사무실 없이도 할 수 있는 일이다. 하지만 제조는 여러 분야의 전문가들이 필요하다. 그들 사이를 오가며 수많은 과정을 조율하며 물건을 만들어야 한다. **그 고단한 과정을 알기에 공장에서 물건을 사 올 때 가급적 단가를 깎지 않는다.** 오히려 웃돈을 더 주고 거래하는 경우가 있다. 그러면 손해 아니냐며 놀라는 사람들이 있는데, 내가 그렇게 하는 데는 중요한 이유가 있다.

물건을 사고파는 거래 과정에서 물건을 사려는 매입자는 보통 단가를 100원이라도 더 깎으려고 실랑이를 한다. 하지만 내 생각은 조금 다르다. 내가 물건의 단가를 깎지 않는 것은 물론 웃돈까지 얹어주면 그 공장이나 도매상에게 나는 1순위가 된다. 공장이 아무리 바빠도 내 물건을 먼저 챙겨주고, 좋은 물건이 있으면 가장 먼저 나에게 연락한다. 이는 도매상도 마찬가지다. 결과적으로 저렴한 단가에 물건을 매입하는 것보다 더 큰 이익이 된다.

　　20대 시절 보세 옷 장사를 할 때는 이 방법이 정말 유효했다. 상인들은 너도나도 로스loss 제품을 구하려고 공장을 들락거린다. 하지만 이미 나와 거래해본 공장 사장님들은 제품이나 디자인이 별로인 물건은 다른 상인에게 팔고, 유명한 브랜드나 품질 좋은 물건은 내 몫으로 따로 빼두었다. 나로서는 물건을 거래하면서 단가를 깎지 않는 전략으로 더 많은 것을 얻을 수 있었던 셈이다. 이처럼 사업을 할 때는 눈앞의 작은 이익에 눈이 멀어 더 큰 것을 놓치고 있지 않은지 생각해봐야 한다.

해외 거래할 때
주의해야 할 점

Q 엄마, 외국 회사와 거래할 때 명심해야 할 게 있어?

A 돈거래가 제일 중요하지. 요즘은 해외에서 물건을 많이 사 오
잖아. 샘플 대금 정도는 현금으로 바로 송금해도 괜찮아. 그런데
큰 물건, 예를 들어 1만 달러 이상 넘어간다, 그런데 상품 대금을
한번에 요구한다면 조심해야 해. 1~2년 같이 한 거래처는 괜찮지
만, 처음 하는 거래처의 경우엔 특히 조심해야 해. 알았지?

외국과 거래할 때 조심해야 하는 부분이 있다. 요즘은 온라인 판매업자들이 중국 등의 해외에서 물건을 사 오는 경우들이 많아졌는데, **처음 수입을 진행하는 경우 가장 조심해야 하는 것은 '결제' 문제다.**

해외 거래처와 거래할 때는 제품을 보지 않은 상태에서 샘플 오더를 먼저 하게 된다. 이 경우 샘플 대금은 주로 선불 결제를 해야 한다. 그런데 간혹 처음 거래하는 거래처에서 물건 전체 대금을 요구하는 경우가 있다. 이럴 때는 조심해야 한다. 샘플은 완벽한데, 나머지 상품이 주문서와 다르게 배송되는 경우가 자주 있기 때문이다.

국내 거래의 경우 그나마 문제를 해결하는 것이 어렵지 않다. 하지만 해외 거래의 경우 아무리 완벽하게 계약서를 작성해도 문제가 발생한 후에 해결하기란 쉽지 않다. 혹 문제가 해결된다고 하더라도 그 과정에 이르기까지 내가 쓴 시간과 에너지는 아무도 보상해주지 않는다.

해외 거래를 진행할 때는 다음 순서에 따르길 바란다.

해외 거래 진행 순서
1. 샘플 요청
2. 주문서 송부

3. 인보이스(Invoice, 품목, 가격, 사이즈, 수량, 선적일 등이 기재됨) 수령

4. 샘플 대금 송금

5. 물건이 생산된 후 선적 전 완성품을 다시 요청

6. 주문서대로 완벽하면 선적 요청

7. 나머지 물품 대금 송금

더 자세한 사항은 유튜브나 인터넷을 찾아보고 진행하는 게 좋다. 앞으로는 해외 수출입을 하는 이들이 더 많아질 것으로 예상된다. 그만큼 관련 자료들도 많아질 테니 기본적인 공부를 제대로 한 다음 거래하길 바란다.

이런 사람들과는
거래하지 마세요

Q 엄마, 거래 상대를 선택할 때 주의해야 할 점이 있어?

A 물건을 사고팔 때도 사람을 가려야 해. 의외로 작은 거래에서 법적 분쟁이 많이 생기거든. 거래에서 가장 기본적인 룰rule 조차 지키지 않는 사람들은 조심해야 해. 알았지?

20대 후반에 명동 보세 옷 가게를 접고 동대문시장에서 도매상을 할 때였다. 1,700만 원가량의 물건을 사간 사람이 있었다. 그런데 그 사람이 물건을 제대로 못 팔았다. 7개월이나 지난 후 그 사람은 700만 원어치의 팔지 못한 재고를 트럭째 가지고 와서 트집을 잡으며 반품을 강요했고, 나는 경찰서에 신고를 당했다.

소상공인들의 경우 하루하루 바쁘게 돌아간다. 경찰서를 왔다 갔다 할 시간 자체가 없다. 그 상황을 잘 아는 악질적인 거래처들은 소상공인들에게 그런 식으로 정신적인 고통을 줌으로써 돈을 받아내려고 한다. 작은 회사 입장에서는 자금은 물론, 시간적인 여유도 없기에 재고가 남으면 어떻게든 손해를 만회하려고 울며 겨자 먹기로 그 상황을 수습하게 된다.

그 일을 계기로 나는 시장의 룰을 제대로 지키는 회사와 거래를 해야겠다고 다짐했고, 삼성물산을 시작으로 국내 중견급 패션 브랜드들과 거래를 시작했다. 예상대로 그들과 20여 년 동안 거래하면서 단 한 번의 분쟁도 없었다. 그들과 거래할 때는 거래계약서를 작성했고, 이를 기준으로 합리적인 해결이 가능했기 때문이다. (작은 회사들과 거래할 때는 보통 계약서가 없었다. 양쪽 모두에게 계약서가 중요한 이유다.)

그렇다고 항상 큰 회사와만 거래한 것은 아니다. 다만 작은 회사와 거래할 때는 나만의 기준을 마련했다. 미팅할 때 상대방의 말투나 매너를 유심히 살펴보는 것이었다. 허세가 심한 사람은 특히 조심하는데, 그들은 엄청난 양의 주문을 넣을 예정이라고 공수표를 날리거나 돈이나 인맥을 과시하면서 접근해오기도 했다. 그래서 나는 사무실 미팅룸에 미리 카메라를 설치하고 그 사실을 상대에게 알려주었다. "사장님, 계약은 너무 중요한 사안이라 녹화가 필요할 것 같습니다. 양해 부탁드립니다"라고 말했다. 이 방법은 법적 분쟁이 많았던 미국 거래처에서 배운 노하우였는데, 녹화 이야기를 들은 거래처들의 경우 과대포장이나 헛소리가 많이 사라지는 것을 경험했다.

거래계약서에는 납품 날짜, 대금 납입 기준, 반품 규정 등에 관한 최소한의 기준이 필수로 들어가야 한다. **물건을 사고팔 때도 매출에 욕심이 나서 판단력이 흐려져서는 절대 안 된다.**

사기를 안 당하는
방법

Q 엄마, 어떻게 하면 사업하면서 사기를 피할 수 있어?

A 내가 사업하면서 사기를 당할 때의 공통점은 상대를 파악하기 전에 내 욕심이 앞선 경우였어. 그래서 한번에 크게 거래하기보단 작은 거래를 점진적으로 늘려가는 게 안전해. 물론 상대방에 대한 충분한 사전조사도 아주 중요해. 알았지?

호랑이 굴에 들어가도 정신만 바짝 차리면 된다. 살다 보면 어이없고 말도 안 되는 사기를 당할 때가 있다. 그런 때일수록 당황하지 말고 침착하게 들여다보면 해결책을 발견할 수 있다.

한번은 진짜 황당한 경험을 한 적이 있었다. 1990년대에 작은 규모의 패션 브랜드(부티크)와 거래 계약을 맺고 원단을 납품했는데, 돈을 지급받기로 한 날짜에 돈이 들어오지 않았다. 보통 거래를 체결하면 납품 후 빠르면 일주일 내에 대금이 입금되는데, 전화도 안 되고 해서 영 께름칙했다. 결국 직원들이 거래처 사무실을 찾아가보니 회사에 아무도 없었다. 단체로 야반도주를 한 것이다.

그때 나는 신우염으로 열이 39도에 링거를 꽂고 병원에 입원해 있었다. 계약자를 잡으러 가지도 못하고 병원에서 걱정만 산더미처럼 하고 있었다. 그러다 흥분을 가라앉히고 곰곰이 생각해보니 그 사람들이 고의적으로 물건을 받고 도망갔다면 우리 회사뿐 아니라 여러 곳에서 물건을 받았을 것이라는 생각이 들었다. 그 정도로 많은 양의 원단을 옮겼다면 화물차를 동원해 제3의 장소에 옮겼을 것이라는 데까지 생각이 미쳤다.

나는 직원들에게 거래처가 있던 방배동 근처의 운송

회사를 모조리 조사하라고 했고, 3시간 만에 원단을 옮긴 트럭 기사를 찾아냈다. 기사님에게 사정을 이야기하고 사례금으로 50만 원을 드릴 테니 장소를 알려달라고 애원하듯 부탁했다. 기사님이 알려준 곳을 가보니 경기도 부천에 위치한 빈 상가에 각종 원단이 산더미처럼 쌓여 있었다. 직원들에게 유리창을 깨고 우리 원단을 가지고 나오라고 말했지만, 아직 나이가 어린 직원들은 무서워서 못 하겠다고 했다.

그 말을 듣자마자 나는 당장에 링거를 빼고 택시를 타고 부천으로 달려갔다. 그리고 유리창을 부수고 우리 원단을 전부 챙겨 돌아왔다. 거래처는 고의적으로 원단을 공급받고 도주했으니 나에게 어떤 연락도 하지 못했다.

살다 보면 거래 관계가 아니더라도 황당한 일에 휘말릴 때가 있다. 그럴 때는 먼저 깊이 호흡하고 흥분을 가라앉혀라. 화를 내거나 당황하지 말고, 정신을 바짝 차린 후 객관적으로 상황을 파악해야 한다. 그러면 흥분한 상태에서는 떠오르지 않았던 해결책을 찾을 수 있다.

우선은 사기꾼을 만나지 않는 것이 가장 좋다. 하지만 사업을 하다 보면 큰 오더가 욕심 나서 순간적으로 판단력이 흐려질 때가 있다. 매번 그런 순간을 경계해야 한다.

내가 실수하고 사기를 당했던 과거를 돌이켜보면 근

저에는 돈 욕심, 큰 주문에 대한 욕심과 성급한 서두름이 있었다. **사기를 당하는 것은 기본적으로 상대의 부도덕함 때문이지만, 50퍼센트는 나의 부주의에서 비롯된다는 것이다.** 따라서 사업을 할 때는 현혹되는 말이나 갑자기 생긴 좋은 소식에는 침착하게 상황을 들여다보고 점검할 필요가 있다.

직원의 능률을
2배로 올리려면

Q 엄마는 지금도 예전 직원들과 연락하고 지내잖아. 어떻게
그렇게 할 수 있어?

A 비록 사장과 직원 사이로 만났지만 나는 직원을 귀인貴人이
라고 생각하며 지냈어. 내가 그들에게 도움받고 있다는 마음을
항상 갖고 있었지. 그리고 그 마음을 매번 표현했어. 말하지 않
으면 상대방은 몰라. 알았지?

한때 나는 화도 많고 늘 조급했다. 직원한테 "저거 좀 갖다 주세요" 하면서 내가 이미 그 물건을 집고 있었다. 그러다 보니 직원이 내 생각을 따라오지 못하면 호통을 치면서 답답해하고 발을 동동 굴렀다. 오죽하면 내가 없을 때 직원이 화장실에 가면 옆 사무실 직원이 "너네 사장님 오늘 출근 안 하셨니?" 하고 물어볼 정도였다. 하이톤으로 급히 말하던 내 목소리가 안 들리니 내가 없음을 알아차린 것이다.

내가 화를 냈던 이유는 내 역량이 100퍼센트라면 직원도 똑같이 100퍼센트여야 한다고 잘못 생각한 데 있었다. 사실 내 생각은 말이 안 되는 소리다. **직원의 역량이 100퍼센트라면 그 사람이 창업을 하지 직원으로 월급을 받으면서 일을 하진 않을 것이다.**

직원에게 화를 낸 것 역시 직원들 때문이 아니었다. 내 역량보다 더 큰 일을 벌이다 보니 나 스스로 버거웠던 이유도 있었다. 직원이 아니라 나 자신이 답답했던 것이다. 그 사실을 나중에야 깨달았다. 지금 직원에게 불만이 있다면 그 원인이 자신에게 있는 건 아닌지 생각해볼 일이다.

이후 나는 직원이 내 역량의 30퍼센트만 해내도 100점이라고 생각했다. 내 생각이 바뀌자 직원들과의 관계도 좋아졌다. 관점만 살짝 바꿨는데 신기하게 화가 나지 않았다.

이건 내가 정말 숱하게 많이 겪은 일이다.

직원들 중 오너 마인드owner mind나 향상심을 가진 이가 있다면 승진이나 인센티브 등을 통해 역량에 맞는 대우를 해주어야 한다. 그게 그 사람을 존중하는 사장의 역할이자 배려다. 그러면 그 직원들은 분명 더 큰 운을 가져올 것이 분명하다.

그런데 초보 사업자들의 경우 매사 강하게 대응하고 유연성을 갖지 못하는 경우들이 많다. 사실 초보가 아니어도 그런 이들이 제법 있다. 그런 경직된 태도는 자기 스스로를 괴롭힐 뿐이다. 회사 분위기가 안 좋아지고, 안 좋은 분위기에서 벗어나고 싶어 직원들이 떠나다 보니 회사도 성장하기 힘들다.

"다 가르쳐놓으니 떠나네"라는 말을 습관처럼 하는 사장들이 있다. 직원들이 곁을 떠난 뒤에 한탄하지 말고, 떠나기 전에 머무르게 하는 전략이 필요하다. 직원들에게 항상 감사한 마음을 갖고 진심 어린 공감과 격려를 표현하자.

사업을 폭발적으로
키울 수 있었던 이유

Q 엄마가 빠르게 사업을 키울 수 있었던 비결은 뭐야?

A 그 분야에서 최고의 경험자를 찾아 충분한 대가를 지불하고 나를 돕게 하는 거지. 사람들은 변호사, 세무사는 당연히 돈을 주고 일을 맡기면서 경험이 많은 사람은 공짜로 쓰려고 해. 요즘같이 시장 변화가 빠른 세상에서 언제 일일이 배워서 일할 수 있겠어. 사업을 빠르게 키우려면 전문가를 활용하면 돼. 알았지?

내가 가장 잘하는 건 어떤 일을 하든지 경험이 풍부한 전문가를 찾아내 그들에게 충분한 대우를 하며 도움을 받는 것이다. 어린 나이에 경험이 없어도 다양한 사업을 성공적으로 해낼 수 있었던 이유는 경험 많은 전문가들의 도움을 적극 활용한 결과다.

기본적으로 나는 성격이 급하고 순간적으로 배움에 집중하는 편이라 일대일 쪽집게 과외를 좋아했다. 모르는 건 여기저기 찾아다니며 끝끝내 배우는 사람이었다. 내가 명동에서 보세 옷 가게라는 소매업을 하다가 도매업에 뛰어들게 된 것도 그런 성격 덕분이었다.

20대에 명동에서 보세 옷 가게를 하다 보니 느끼는 것이 있었다. 가게를 운영하면서 중간 도매상에게 물건을 받아서 소비자에게 팔다 보니 마진이 적다는 점이었다. 아무리 다량의 물건을 팔아도 노력에 비해 남는 돈이 많지 않았다. 같은 수량으로 도매를 했다면 더 큰 수익을 남겼을 것이라는 생각이 들었다. 그래서 소매가 아니라 도매상을 해봐야겠다고 결심하고 나를 도와줄 전문가를 찾아 나섰다.

옷을 만드는 공장은 대부분의 경우 한 곳을 알고 거래를 잘하면 그분들이 다른 공장을 소개해주었다. 여자 사장이 많지 않던 시절, 나이가 어리고 체구도 작은 나는 현금 뭉치를 서류 가방에 가득 넣고 다녔다. 가방을 조금만 열어도 돈뭉치가 보이게끔 한 다음, 항상 현금 결제가 가능함을 보여주었다.

그렇게 여기저기 나에 대한 소문이 나기 시작하니 하루는 한 사람이 찾아왔다. 오래도록 그 분야에서 일한 베테랑으로 의류 수출 공장들의 리스트를 전부 꿰고 있던 분이었다. 나는 그분을 통해 단기간에 우리나라 의류 수출 공장을 모두 알게 되었고, 그 분야 거상이 될 수 있었다.

당시에는 미국 브랜드인 캘빈클라인, DKNY 등의 고급 브랜드가 우리나라에 OEM 주문을 하던 시절이다. 우리나라를 대표할 만한 패션 브랜드가 많지 않던 때라 미국의 브랜드 제품이 저렴한 가격에 시장에 나오면 인기 폭발이었다. 나는 현금이 가득 담긴 가방을 들고 수출 공장이 산재했던 경기도 부천 등을 돌아다니면서 수출하고 남은 로스 물량이나 클레임 제품들을 전부 사 모았다.

당시 이태원의 해밀턴호텔 양쪽에는 수십 개의 보세 옷 가게가 있었다. 주로 괌, 사이판, 러시아 등지에서 온 보따리 상인들은 거기에서 물건을 쓸어갔다. 나는 수출 공장에서 구입한 물건들을 트럭에 싣고 서울에 도착하기도 전에 가게들과 통화하면서 모조리 팔아치웠다. 500만 원으로 서울에 온 나는 2년 만에 은행에 2억 원을 예치할 정도로 큰 돈을 벌었고, 이후 신사동에 '함스통상'이라는 무역회사를 설립했다. 그때 나는 30세였고, 이미 전국 의류 유통에 대한 공부가 끝나 있었다.

사업을 폭발적으로 키우고 싶은가? **가장 중요한 것은 어떤 일을 시작할 때 그 분야의 전문가를 찾아 충분한 보상을 하고 경험을 구하는 것이다.** 이것이 바로 사람을 레버리지leverage 하는 것이다.

잘되는 가게의
비밀

Q 엄마, 잘나가는 가게들의 비밀은 뭘까?

A 팔려고만 하지 않고 고객들이 알아서 찾아오게 하는 거지.
이제 더 이상 좋은 상품만으로는 승부할 수 없어. 브랜드들이 계
속 팝업스토어를 만드는 이유를 생각해봐. 종가집 김치도 팝업
스토어를 열잖아. 고객들이 경험에 열광하기 때문이야. 요즘같
이 소비자의 구매 심리가 빠르게 변화하는 상황에 유연하게 대
처하는 가게는 잘될 수밖에 없어. 알았지?

우리나라는 장사 수명이 짧은 편이다. 동네 상권을 걷다 보면 어제까지 있던 가게가 사라지고, 새로운 가게가 들어서기 위해 한창 인테리어 작업을 하는 경우를 심심찮게 볼 수 있다.

하지만 요즘 같은 불경기에도 기본 수십 명이 대기하며 대박 행진을 이어가는 가게들이 있다. 대표적인 곳이 '런던베이글 뮤지엄'이다. 런던베이글 뮤지엄은 안국역의 작은 가게에서 출발했는데, 노란 벽돌에 대문짝만하게 쓰인 영어 폰트의 런던베이글 간판이 인증샷을 찍고 싶게 만드는 콘셉트였다. 맛도 맛이지만 유럽으로 공간 이동을 한 듯한 인테리어는 영국에서 패션을 전공한 젊은 대표님의 힙한 감각이 그대로 느껴진다.

최근에 나는 압구정 로데오의 '위글위글'이라는 브랜드 숍을 방문했다. 원색적인 컬러와 귀여운 디자인 소품들로 꾸며진 매장의 포토존은 인스타그램에서 꼭 가봐야 할 성지로 부상했다. 우리나라 2030세대는 물론 외국인들도 기꺼이 줄을 선 후에 입장하고 있었다. 눈에 확 띄고 특별한 공간이 소셜미디어 시대에 정확히 부합하는 브랜드였다.

런던베이글 뮤지엄, 위글위글, 꽁띠뜨뚤레아 등 스몰 브랜드Small Brand 파워가 커지는 이유는 오너 중심의 비즈니스이기 때문이다. 스몰 브랜드 가게들은 의사결정이 빠르고, 시장 상황에 유연하게 대처할 수 있다는 장점이 있다. 대기업들이 많은 자본과 인적 인프라를 갖추고도 난항을 겪는 이유는 조직으로 움직이고 절차가 복잡하다 보니 의사결정과 실행이 늦어지는 데 있다.

스몰 브랜드 파워가 커지고 있는 시대다. 퍼스널 브랜딩이 중요한 시대에 큰 회사와 경쟁하려 하지 말고 독창적인 콘셉트로 차별화를 시도하자. 비즈니스에서 '차별화'만큼 중요한 것은 없다. 차별화는 비즈니스에서 항상 강조하던 키워드다. '총각네 야채가게'도 '홍대 조폭떡볶이', '욕쟁이 할머니' 가게 등도 하나같이 차별화가 핵심이었다.

여의도의 더현대도 주목할 만하다. '더현대 서울'은 개장 2년 만에 매출 1조를 달성했다. 증권가이자 국회가 위치한 여의도에 어마어마한 크기의 백화점이 들어선다고 했을 때 유통업계 관계자들은 고개를 갸우뚱했다. 하지만 그들의 걱정이 무색할 만큼 여의도는 지금 더현대 서울 덕분에 가장 핫한 동네가 되었다. 1년간 팝업스토어가 300회 이상 진행되고, 단순히 상품을 파는 것이 아닌 경험을 제공하고 있다. 2030 고객이 65퍼센트 이상인 이유다.

요즘 2030 사이에서는 오마카세가 유행이다. 한 끼에

10만 원에서 많게는 30만 원까지 웃돌지만, 색다른 경험을 제공받는다는 것에 의미 부여를 하면서 비싸도 즐긴다. 물론 가성비 좋은 음식을 선호하는 날도 있지만, 음식으로 배고픔을 채우는 것을 넘어 색다른 경험과 즐거움을 맛보고 싶은 날도 있기 때문이다.

잘되는 가게에는 분명 이유가 있다. 좋은 상품은 기본이고, 다른 곳에서는 경험할 수 없는 특별함이 있다. 고객에게 어떤 경험을 주고 싶은가? 이 질문에 대한 답을 찾다 보면 사업의 방향성이 보일 것이다.

상위 1퍼센트 찐팬을
만드는 노하우

Q 엄마, 사업에서 찐고객을 만드는 방법이 뭐야?

A 고객 만족을 넘어 고객 감동을 줘야 해. 그러기 위해서는 고객이 기대하는 이상의 서비스를 제공해야지. 요즘은 품질과 가격만으로는 승부할 수 없어. 그래서 서비스로 차별화를 주는 게 핵심이야. 알았지?

사업에서 CSCustomer Service, 고객 서비스는 매우 중요하다. CS에 대응하는 태도에 따라 고객과의 신뢰가 형성된다. 나는 일본과 비즈니스를 한 경험으로 서비스 정신이 얼마나 중요한지 알고 있다. 당시 눈여겨본 일본의 남다른 서비스 사례를 몇 가지 소개한다.

1. 일본 백화점에서는 비가 내릴 때 특정한 노래가 흘러나온다. 매장 직원들에게 비가 온다는 것을 알리기 위해서다. 그러면 그때부터 직원들은 고객들의 쇼핑 봉투를 감쌀 비닐을 준비한다.

2. 일본의 대형서점 츠타야에서는 고객에게 책 커버가 필요하냐고 묻는다. 물론 무료다. 일본 사람들은 지하철이나 버스에서 독서를 많이 하는데, 다른 사람들에게 자기가 읽는 책을 보여주기 싫어해서다. 고객이 커버를 요청하면 즉석에서 종이 커버를 제작해 제공한다.

3. 편의점에서 도시락을 구입하면 직원이 계산할 때 '따뜻하게 데워 드릴까요?' 하고 먼저 물어본다.

이 서비스의 공통점은 모두 고객이 전혀 예상하지

못했던 수준의 특별한 서비스를 제공했다는 점이다. 나는 이를 그대로 사업에 적용해 유의미한 성과를 많이 만들 수 있었다.

　　우리 집은 청담동으로 예전 JYP 소속사 근처에 위치해 있다. 당시 아이돌을 보기 위해 K-POP 팬들이 한국을 많이 찾아오던 시절이다. JYP 사옥 주위 카페나 식당에는 한류 팬들이 즐비했다. 그때 나는 한류 팬들을 위한 에어비앤비를 운영하고 있었는데, 숙소 트위터에 공지를 하나 올렸다. 해외 여행객이 한국에 머무르는 동안 아프거나 문제가 생겼을 때, 우리 숙소로 연락하면 무조건 도움을 주겠다는 내용이었다.

　　사실 이런 공지를 올렸던 이유는 순전히 내 경험 때문이었다. 나 역시 무역업을 하면서 해외 출장을 자주 다녔고, 말도 잘 안 통하는 현지에서 아프거나 문제가 생기면 앞이 캄캄해지는 곤란한 경험을 많이 겪었다. 낯선 땅에서 도움을 요청할 곳이 절실했기에 내가 그 역할을 해주고 싶었던 것이다. 공지를 올린 이후 실제로 많은 연락이 왔고, 나는 연계된 병원을 안내하는 등 해외 팬들에게 도움을 줄 수 있었다. 그러자 도움을 받았던 손님들 중에 우리 숙소를 이용하겠다는 이들이 늘어났다.

남다른 수준의 서비스(차별화)를 통해 고객에게 특별한 감동을 주어라. 그러면 고객은 단순한 일회성 고객이 아니라 '찐팬'이 된다. 당신이 진정성을 보여주면 고객과의 신뢰가 형성되는 것이다. 신뢰가 바탕이 되어야 브랜딩도 가능해진다.

이는 사업에만 해당하지 않는다. 개인적인 차원에서도 적용 가능한 부분이다. 우리는 이를 전문 용어로 '정성'이라고 말한다. 고객이든 지인이든 사람에게는 정성을 들여라. 그러면 그는 100퍼센트 당신의 슈퍼맨Superfan이 된다.

성공 확률을 높이는
영업 비밀

Q 엄마, 어떻게 하면 영업을 잘할 수 있어?

A   영업을 효율적으로 하려면 고객 레버리지를 잘 활용해야
해. 고객 한 명에게 정성을 쏟아봐. 그러면 그 고객이 20명을 데
리고 와. 물건을 100명에게 파는 것보다 한 사람에게 정성을 들
여 100번 오게 하는 게 최고의 영업이야. 알았지?

한 명의 고객이 100번 오게 하라!

무역업을 하면서 나는 운 좋게도 사업 아이템으로 '이탈리아 머플러'라는 고가의 제품을 최종적으로 선택했다. 종류가 많고 저렴한 가격의 상품은 높은 매출을 기대하기 어려웠기 때문이다. 물론 많은 종류와 낮은 가격으로 박리다매를 한다면 큰 매출을 만들 수도 있다. 하지만 사업가 입장에서는 들이는 노동력에 비해 매출이 낮을 수 있다는 뜻이다.

하지만 고가의 아이템이라고 무조건 높은 매출을 일으키지는 않는다. 고가의 아이템은 손님을 무한대로 확장시킬 수 없기 때문에 높은 매출을 만들어주는 손님을 선호하게 된다. 높은 매출을 만든다는 것은 한 명의 고객이 여러 번 구매할 수 있도록 하는 것이다. 그러려면 단 한 명의 고객이라도 최선을 다하고 정성을 쏟아야 한다. 단순히 물건을 판매하는 게 아니라 고객이 물건을 구매하면서 고맙다는 소리를 할 수 있을 정도가 되어야 한다.

이탈리아 머플러를 판매하면서 나는 고객들에게 감사의 인사를 많이 받았다. 물론 상품만으로도 최고의 품질과 디자인이지만, 내가 수입하지 않았다면 쉽게 접하지 못했을 것이라는 희소성에 대한 감사의 인사였다. 이는 고객이 먼저 찾아올 수밖에 없는 이유다.

국내 유명 패션 브랜드에 납품할 때도 나는 납품업자인 을이 아니라 공급자인 갑의 포지션에서 거래했다. 이탈리아 명품 브랜드의 디자인과 품질을 갖춘 머플러를 저렴하게 거래할 수 있는 곳은 한국에 우리 회사 외에 없었기 때문이다. 다른 수입업체가 5만 장을 수입해올 때 나는 컨테이너로 50만 장을 수입했기 때문에 수입 가격부터 차이가 확연했다.

거기다 우리 회사는 신용평가 점수도 높았다. 거래를 시작하기 전 기업들은 납품 회사의 신용을 까다롭게 평가한다. 협력업체의 납품이 제대로 이루어지지 않을 경우 발생하는 문제가 크기 때문이다. 따라서 회사의 연혁, 자금력 등 세밀하게 따져본다. 우리 회사의 경우 1990년대부터 삼성물산의 체이스컬트, 카운테스마라, 쌩쌩을 메인으로 거래해왔던 이력을 바탕으로 다른 패션 브랜드와 거래할 때도 계약 체결 과정이 순조로웠다.

이처럼 기업 간의 거래는 물론 작은 가게에서도 소비력 있는 손님 한 분에게 정성을 들이면 그 손님이 다른 손님을 데려오는 경우가 많다. 한 명의 부자는 주변 사람들 역시 소비력 있는 집단인 경우가 많기 때문이다. 청담동 쇼룸에서 머플러를 판매할 때도 비슷한 경험이 있었다. 한번 방문한 어느 고객이 친구는 물론 친구의 친구까지 데려와 1,000만 원 정도 구매했다. 내가 그들을 만나 직접 영업하지 않았지만 친구가 산 물건을 보고 알아서 찾아온 것이다.

한 번 온 고객을 100번 오게 하는 것, 그것이야말로 상위 1퍼센트의 영업 노하우다.

하루 한 시간으로
매출 2배 올리는 방법

Q 엄마, SNS로 매출을 극대화하는 방법이 있어?

A   요즘은 라이브 커머스가 대세야. 네이버 쇼핑라이브나 인스
타그램 라이브로 다수의 손님들과 서로 소통하며 물건을 판매
할 수 있어. 사진이나 상세페이지 같은 일방적인 정보가 아니라
실시간으로 고객의 요구를 반영하고 홍보할 수가 있거든. SNS를
적극적으로 활용해봐. 알았지?

이제 SNS를 기반으로 한 1인 방송 시대가 되었다. 쇼호스트가 일방적으로 제품을 설명하던 홈쇼핑 시대에서 댓글 창으로 고객과 직접 양방향으로 소통하며 상품을 판매하는 라이브 커머스 시대가 된 것이다. 유튜브 라이브, 인스타그램 라이브, 네이버 쇼핑라이브 등을 통해 개인도 스마트폰 하나로 상품이나 지식을 판매할 수 있다.

나 역시 코로나 팬데믹 기간에 인스타그램 계정을 개설하고 팔로워 1,000명일 때 네이버 스마트스토어를 개설했다. 그동안 인스타그램을 통해 유럽에서 다양한 제품을 수입한 글로벌 무역인임을 알려왔던 터라 소통하던 인친들이 스마트스토어를 방문해 머플러를 구입해주었다. 이후 판매 등급이 씨앗에서 새싹으로 올라가면서 네이버 쇼핑라이브를 통해 상품을 판매할 수 있게 되었다.

기회가 왔으니 나는 라이브 커머스에 도전해보기로 했다. 새로운 플랫폼이 등장할 때는 경쟁자가 적기 때문에 선점하는 것이 좋다. 당시에는 이미 라이브 커머스가 활발했지만, 나는 지금이라도 시작해야겠다고 생각하고 카메라를 켰다. 방송 진행 경험도 없고 혼자 진행해야 한다는 두려움도 있었지만, 평소의 나처럼 일단 해본 것이다.

다행히 인스타그램에서 알게 된 이들이 쇼호스트 역

할을 자처하면서 출연해주었고, 개인적으로 도움도 많이 주었다. 결국 2022년 7월 나는 첫 방송에서 네이버 쇼핑라이브의 패션 카테고리에서 5위를 했고, 이후 3회 연속 1등을 차지했다.

라이브 커머스 분야에서 나는 후발주자였고, 패션은 경쟁이 가장 치열한 카테고리였다. 그런 상황에서 1등을 3번이나 달성했다는 사실은 나에게 매우 의미 있는 성과였다. 놀라운 경험이자 나의 퍼스널 브랜딩에도 큰 영향을 주었다.

이 경험을 통해 나는 인스타그램 계정을 잘 키운다면 1인 기업으로도 충분히 승산이 있을 것이라는 믿음이 생겼다. 그리고 그해 겨울, 머플러 시즌에 40여 일 동안 1일 1라방을 하면서 나의 믿음에 대한 확신을 얻을 수 있었다. 나는 30여 년 동안 기업을 상대로 머플러를 납품하는 일을 해왔다. 하지만 소셜미디어 시대에는 SNS 플랫폼 하나만으로도 엄청난 매출을 올릴 수 있다는 가능성을 확인했다.

장사가 잘 안 될 때
이렇게 해보세요

Q 엄마, 상품이 잘 안 팔리면 어떻게 해야 할까?

A 처음부터 대박 나긴 쉽지 않지. 그럴 때는 차근차근 단계를 밟아야 해. 판매하는 품목 분야에서 1등 하는 곳을 찾아 하나하나 분석해보는 거지. 그 가게와 제품의 장점, 차별 포인트가 뭔지 알아내 하나씩 적용해보면 돼. 알았지?

옛날에는 장사가 잘되는 집은 좋은 위치에 있는 가게였다. 하지만 소셜미디어 시대에서 가게의 위치는 예전보다 덜 중요해졌다. 최근에는 시골의 논 한가운데에 카페를 만들어 SNS에서 핫플이 된 곳도 있다. 이런 콘셉트의 논 카페는 발리 우붓의 카페 포메그란테Cafe Pomegranate라는 곳도 유명하다.

스타벅스 경동1960점의 차별화 포인트도 살펴볼 만하다. 이곳은 옛날 우리나라 최초의 극장인 경동극장을 리모델링해 만들었는데, 각종 레트로한 소품들을 배치해두고 있다. 1959년생인 나에겐 익숙한 물건들이고 추억일 뿐이지만, 2030 청년들에겐 신선하고 색다른 공간으로 느껴진다. 다른 스타벅스와 달리 세대를 뛰어넘는 경험을 즐길 수 있는 공간으로 재탄생시킨 것이다.

텍스트 시대에서 이미지와 영상의 시대로 이동하고 있다. 사람들은 물건을 사거나 먹고 마시는 행위 이전에 휴대폰으로 촬영부터 한다. 자신의 소셜미디어에 업로드하거나 기록으로 남겨두기 위해서다. 그 기록들은 온라인 세상에서 알아서 홍보 역할을 한다. 인증샷과 해시태그를 보고 사람들은 정보를 수집하고 소비의 기준을 세운다.

그렇다면 사업가는 고객들이 휴대폰에 저장하고 싶

고, 찍고 싶고, 자랑하고 싶게 하려면 어떻게 해야 할지를 고민하면 된다. 업종을 불문하고 고객들이 애정하는 핫플레이스를 찾아다니면 된다. "아는 만큼 보인다"라는 유홍준 교수의 말은 문화재에만 해당하는 게 아니다. 메뉴, 서비스, 인테리어 등 잘되는 가게의 모든 요소를 관찰하고 분석하면서 '아는 만큼'의 폭을 넓히고 깊이를 파보면 된다. 발품 팔시간이 없다면 대박 가게의 계정이나 해시태그를 건 손님들의 SNS를 관찰하면서 벤치마킹할 수도 있다.

'모든 벽은 문이다'라는 말이 있다. 앞이 꽉 막혀버린 벽도 계속 두드리다 보면 결국 무너지면서 다리가 되고, 다른 세상으로 건너갈 수 있게 해주는 문이 된다. 사업하면서 벽이라고 생각하는 문제가 있다면 계속 두드려보라.

사업에서 문을 두드리는 가장 좋은 방법은 관찰하고 분석하는 것이다. 현재 판매하는 아이템과 비슷한 제품을 파는 사업자 중에서 1, 2, 3등을 찾아보라. 1등이 1등을 하는 데는 이유가 있다. 제품, 가격, 서비스 등을 모두 분석하면서 1등을 따라가는 것은 모든 판매자에게 매우 유용한 방법이다.

나는 인스타그램을 할 때 ① 나와 주제가 비슷하고 ② 최근에 뜬 계정 3개를 찾아 성공 포인트를 분석한다. 콘텐츠 자체뿐만 아니라 사람들이 쓴 댓글도 분석하며 그들이 어디에 열광하는지 파악한다. 고객이 어떤 부분에 관심을 갖고 돈을 지불하는지 알아야 하기 때문이다.

성공한 사람들은 그들만의 성공 공식이 있고, 분야에 상관없이 그 공식은 비슷하다. 나도 여러 번의 사업을 성공시킴으로써 나만의 성공 매뉴얼을 정립했다고 할 수 있다.

왜 사업이 안 되는지 혼자서만 궁리하지 마라. 온라인 세상에는 그에 대한 해답과 해결책이 오픈되어 있다. 심지어 공짜다. 힘든 상황을 어떻게 헤쳐나가야 할지 모르겠다면 거인의 어깨에 올라타라. 잘되는 가게의 성공 포인트를 찾아내어(이것 역시 쉽지 않을 수 있다) 이를 레퍼런스reference 삼아 고민하고 실행하는 것이 첫걸음이 될 수 있다.

사업에 위기가
찾아왔을 때

Q 엄마는 사업하면서 가장 어려웠던 순간이 언제였어?

A 돈이 없어서 직원들에게 월급을 못 줄 때와 회사가 어려워져
직원을 내보내야 할 때 가장 힘들었어. 그런 힘든 상황도 지나고
나니 깨닫는 게 있었어. 회사 사정이 좋을 때는 직원의 능력보다
인성이지만, 어려울 때는 인성보다 실력 있는 사람과 함께해야
한다는 거야. 알았지?

사업에는 위기의 순간이 필연적으로 찾아온다. 나 역시 직원들 월급이 모자라 돈을 빌리러 다닌 적도 있었고, 부득이 하게 구조조정을 해야 할 때도 있었다.

사장으로서 가장 힘든 순간은 어려운 시기에 최소의 인원만 남기고 직원을 내보내야 할 때였다. 어쩔 수 없이 성실하고 착한 직원을 내보내고, 불성실하지만 영업력이 뛰어난 직원을 선택해야 하는 경우도 있었다. 세월이 지났지만 여전히 가슴 아픈 기억으로 남아 있다.

최근 신문에서 '중국 플랫폼의 습격'이라는 기사를 보았다. 중국의 쇼핑 플랫폼인 알리익스프레스가 한국 소비자들을 상대로 본격적으로 영향력을 확대하고 있다는 내용이었다. 한국 물류센터에 1,000억 원을 투자하며 쿠팡, 네이버 쇼핑 등 국내 플랫폼을 상대로 도전장을 내민 것이다.

중국 기업이 한국 소비자를 겨냥한 것은 이번이 처음이 아니다. 한때 우리나라의 경우 대부분의 제품이 자국에서 생산되는 '메이드 인 코리아'였다. 그러다가 중국 생산시대가 열리고, 값싼 제품은 물론 고가 제품까지 중국에서 생산되며 많은 제품들이 '메이드 인 차이나'가 되었다. 그 여파로 우리나라의 많은 제조공장이 문을 닫았고, 일부는 중국으로 공장을 이전하기도 했다. 그때부터 나는 직접 해외 무역을 하기 시작했다.

어떤 위기에도 흔들리지 않는 나만의 두 가지 전략이 있다. 첫째는 **충분한 현금 유동성을 확보하는 것**이고, 둘째는 **트렌드에 맞춰 수입 파이프라인을 여러 가지 만들어두는 것**이다(계란을 한 바구니에 담지 말라는 것과 같은 이치다).

위기 신호라고 생각되면 미리 준비하라. 눈과 귀를 열고 관심을 가지면 사이클을 이해하게 된다. 과거는 물론 현재와 미래를 항상 공부해야 한다.

영업은 이렇게
하는 거지

Q 엄마, 영업은 어떻게 하는 거야?

A 영업은 직접 몸으로 부딪히면서 하는 거야. 전단지 돌리는 것부터 사람들을 계속 만나면서 자기 손으로 직접 물건을 팔아 보는 것. 그게 영업이야. 알았지?

몇 년 전 이탈리아 출장길에 무역을 가르쳐주기 위해 아들과 동행한 적이 있다. 아들은 내가 이탈리아 파트너와 여러 군데 공장을 돌아다니며 상담하고 협상하는 과정을 모두 지켜보았다. 그리고 정말 놀라워했다. 무역업의 매력이나 해외 공장의 규모 때문이 아니었다. 엄마가 이태원 수준의 영어만으로도 현지인들과 소통하며 비즈니스가 가능하다는 것을 보고 놀란 것이다.

이후 머플러를 컨테이너 물량으로 구매해서 선적하고, 부산에 도착한 제품이 청담동 창고까지 도착하는 모든 과정을 경험하게 해주었다. 그리고 수입한 머플러를 도소매 거래처를 찾아가 거래하는 방법도 전부 알려주었다.

그 모든 과정을 직접 보여준 뒤 나는 아들에게 소매업을 가르치기로 했다. 우리 집 앞에는 타임, 마인, 시스템 등의 패션 브랜드인 한섬이라는 기업이 있다. 한섬에는 1,000명 정도의 직원들이 있는데, 출근 시간에 맞춰 아들에게 그 건물 앞에서 할인 쿠폰이 포함된 전단지를 돌리게 했다. 한섬 건물과 머플러 창고는 거리상 멀지 않아서 점심시간을 이용해 찾아오도록 할인 쿠폰으로 유도한 것이다.

한섬 직원들을 상대로 우리 제품인 이탈리아 머플러를 파는 일은 의외로 쉬운 일이다. 그들은 이미 패션업계에서 일하는 사람들로 패션에 대해서는 우리만큼이나 잘 알고 있다. 제품의 질이 좋은지, 나쁜지 단번에 알아채고 가격에 대해서도 꿰고 있다. 그래서 소매나 도매 거래는 그 제품을 모르는 사람보다 잘 아는 사람에게 판매하는 것이 탈도 없고 수월한 편이다.

점심시간에 전단지를 들고 찾아온 손님들은 꽤 있었다. 전단지를 보고 직접 창고를 찾아왔기 때문에 아들의 영업이 어느 정도 성공했는지도 금방 파악할 수 있었다. 아들은 출장길에 무역업의 전 과정을 경험하며 놀라워하더니 직접 판매를 시도해보고 매출을 내면서 영업에 대한 자신감도 갖게 되었다.

영업은 글이나 말로 배우는 것이 아니다. 발로 뛰고 직접 몸으로 부딪히며 배우는 것이다. **영업을 배울 때는 부끄러움이고 자존심은 내려놓고 길거리에서 전단지를 돌릴 수 있을 정도의 용기는 있어야 한다.** 이미 나도 다 경험해본 일이다.

20대 초반 강릉에서 잠깐 맞춤 의상실에서 일한 적이 있었다. 작은 도시라 소비력이 높지는 않았지만 나는 소도시에서 몇몇 부자들을 상대로 집중적으로 옷을 팔았다. 그것이 가능했던 이유는 내가 적극적으로 영업을 했기 때문이다.

근무하던 의상실에는 사장님과 판매원 선배 한 분이 있었다. 그런데 두 사람은 항상 가게 안에서 손님을 기다렸다. 반면 적극적이고 성격이 급한 나는 가게에서 가장 막내였지만, 줄자와 원단 샘플을 들고 친척과 친구는 물론 그들이 소개해준 이들을 찾아다녔다. 당시는 물자가 귀하던 시절이라 서울에서 가져온 신상 원단 샘플을 보면 충동구매를 하는 이들이 있었고, 이런 나의 영업력 덕분에 가게 매출은 급상승했다.

나중에 서울에서 일할 때도 마찬가지였다. 나는 자동차 트렁크에 항상 물건 샘플을 싣고 다녔다. 신사동에서 무역회사를 하고 있을 때였는데, 창고에 쌓여 있는 수출 재고와 직접 생산하고 남은 물량을 보면서 너무 답답해서 샘플을 싣고 다니기 시작한 것이다.

하루는 옷 가게가 많은 이대 앞을 지나게 되었다. 손님이 가장 많은 가게를 골라 손님이 나가기를 기다렸다가 영업을 시도했다. 가게 주인은 처음엔 샘플을 들고 온 나를 하대하는 듯했지만, 물건을 보는 순간 태도가 바뀌었다. 모든 장사꾼은 물건 욕심이 있다. 내가 가져간 물건을 보는 순간 주인은 계속 거래하기를 원했다. 이대 앞에서 좋은 거래처를 만나던 순간이었다.

　해외에서 골프 의류를 수입해 판매할 때도 비슷했다. 골프를 치지는 않았지만, 내 차의 트렁크에는 항상 골프 의류 샘플이 실려 있었다. 운전 중에 골프 숍이 보이면 무조건 들어가서 영업을 했다. 한 번도 가본 적 없는 낯선 가게에 들어가서 영업하는 데는 큰 용기가 필요했지만, 간혹 그 용기에 대한 보상이었는지 큰 주문을 받은 경우도 있었다. 그때 처음 깨달았다. 내가 가지고 있는 상품이 누군가가 부지런히 찾고 있던 제품일 수도 있다는 것을. 그러니 새로운 거래처를 찾아 나서는 것을 멈추지 말고 더 적극적인 자세로 영업을 해야 한다.

　예진에는 '신발 몇 켤레가 닳아 없어질 때까지 영업하겠다'는 각오로 하는 사람은 반드시 큰 성과를 냈다. '영업은 기업의 꽃'이라고도 했다. 영업부에서 영업을 해서 돈을 벌어야 관리부도 돌아간다. 사장부터 직원까지 영업의 마인드를 가져야 하는 것도 이런 이유에서다.

　모두가 힘들다고 말한다. 불경기일수록 영업과 마케팅에 더 신경 쓰자. 그래야 먹고 살 수 있다.

3장

기
회

✝

돈은 투자할 때만
살아 있다

저지르지 않으면
성공할 수 없다

Q 엄마는 잘 모르는 사업 분야에는 어떻게 도전하고 성공
했어?

A 무엇이든 시작할 때는 '과연 이걸 내가 할 수 있을까?'가 중요
한 게 아니야. '나는 정말 이것을 하고 싶은가?' 하는 질문이 더
중요하지. 나는 스스로에게 그 질문을 해보고, 하고 싶다면 일
단 시작했지. 그리고 실행하면서 배웠기 때문에 뭐든 할 수 있었
어. 알았지?

성공은 저지르는 자의 몫이다. 사업을 하려면 완벽하게 시작하는 게 아니라 '그냥' 시작해야 한다. 창업을 하고 싶다면 관련 도서를 5권 정도 읽고, 비슷한 업종의 가게에서 아르바이트를 해도 좋다. 해야지, 해야지, 혹은 하고 싶다, 하고 싶다고 하면서 생각만 많으면 실행하기가 어렵다.

'왜 시작 안 해?'라고 물으면 사람들은 안 되는 이유를 100가지 나열한다. 이건 이래서 안 되고, 저건 저래서 안 되고, 심지어 100퍼센트 완벽하게 알 때까지는 시작해선 안 된다는 잘못된 믿음을 갖고 있다.

지금까지 성공시킨 사업들 중 내가 제대로 알고 시작한 것은 단 하나도 없었다. 영어도서관을 만든 예를 들어보겠다. 아이가 초등학생이었을 때 주위 엄마들의 권유에 못 이겨 아들을 영어 학원에 보냈다. 그런데 학원에서 가르치는 영어는 이미 문법 위주의 중학생 수준이었다. 단순히 시험을 치르기 위한 영어를 가르치고 싶지 않았기에 청담동의 우리 집 건물의 2개 층을 개조해 영어도서관을 만들기로 했다. 사업가의 아들보다 도서관 아들로 키우고 싶은 마음도 있었던 것 같다.

주위 사람들은 내가 문헌정보학을 전공한 것도 아니고, 그 분야에 대해 아는 것도 없는데 어떻게 도서관을 개관하느냐며 의아해했다. 그들의 걱정과 우려에도 아랑곳하지 않고 나는 일단 시작했다. 그런 다음 하나씩 문제를 해결해나갔다.

가장 먼저 아이들이 최대한 오래 머물고 싶어 하는 공간으로 도서관을 꾸몄다. 지하에는 나무 침대를 만들어 아이들이 누울 수 있게 했고, 한쪽 벽면에는 대형 스크린을 설치해 영어 영화를 감상할 수 있게 만들었다.

최고의 고민거리였던 '어떤 책들을 골라야 할까?'는 다른 도서관에서 답을 찾을 수 있었다. '미국 선생님들 추천 도서 100선'(매년 새로 선정된다고 알고 있다), '미국 어린이들이 좋아하는 도서 시리즈 100선' 등의 책에 소개된 리스트를 그대로 구비했다. 무엇보다 아이에게 많은 영어책을 읽히고 있던 터라 우리 집에는 아들을 위해 사둔 책이 어마어마하게 많이 있었다. 아이 친구들이 도서관 대신 우리 집으로 책을 빌리러 올 정도였으니까. 어쩌면 그게 '도서관을 만들어볼까?' 하는 아이디어의 단초가 되었을 수도 있다.

그렇게 한 달 만에 도서관 세팅을 끝내고 바로 오픈했다. 얼마 지나지 않아 영어도서관의 색다른 인테리어나 커리큘럼이 소문나기 시작했고, 조선일보에 인터뷰 기사가 실렸다. 그 기사를 보고 어느 백화점 회장님이 도서관으로 비

172

서를 보냈다. 백화점 문화센터에 나이 든 고객을 머물게 할 수는 있는데, 젊은 엄마들을 위한 커리큘럼이 없어서 고민하고 있던 차라고 했다. 수년 동안 여러 나라에 직원들을 보내 조사했지만 마음에 드는 도서관을 찾지 못했는데, 때마침 기사를 보셨다는 것이다.

회장님은 영어도서관을 백화점에 입점시키는 게 어떻겠느냐고 제안하셨다. 영어도서관은 사업을 목적으로 한 것이 아니었기에 고민 끝에 나는 그 제안을 거절했다. 하지만 내가 잘 모르는 분야에 도전해 누군가로부터 인정받았다는 충만한 자신감을 얻을 수 있었다.

일단 시작해보라. 그래야 자신의 능력을 알 수 있고 실력도 키울 수 있다. 아무리 뛰어난 아이디어도 생각에서 그친다면 성공자들이 열심히 달려가는 모습을 바라보는 구경꾼밖에 되지 못한다. 실패가 두렵다면 잘게 쪼개 시작하면 된다. 작은 성공을 하나씩 경험하다 보면 자신에 대한 신뢰와 자신감이 생기고, 어떤 일에든 도전할 수 있게 된다.

한 가지에 미쳐야
뭐든 된다

Q 엄마는 어떻게 매번 사업으로 성공할 수 있었어?

A 성공하려면 자기가 하는 일에 24시간 미쳐서 살아야 해. 돋
보기 알지? 해가 들어올 때 돋보기를 종이에 계속 대고 있으면
신기하게도 종이가 타거든. 그것처럼 군더더기를 없애고 내가 하
는 한 가지 일에 완전히 몰두해야 해. 몰두하고 미치지 않으면
성공은 쉽지 않아. 알았지?

불광불급不狂不及. 미치지 않으면 미칠 수 없다고 한다. **어떤 일을 할 때는 그 일에 제대로 미쳐야 목표에 도달할 수 있다**는 말이다. 어떤 일을 하든 90퍼센트의 사람은 나의 경쟁자가 아니다. 그 사람들은 목표에 미칠 만큼 미치지 않았기 때문이다. 90퍼센트를 제외한 나머지 10퍼센트끼리 결국 끝까지 경쟁하는 것이다.

사업을 시작한 20대 초반부터 나는 단 하루도 허투루 사는 날이 없었다. 삼성동 무역센터에 사무실이 있을 때는 명절이나 일요일에도 우리 사무실엔 어김없이 불이 켜져 있었다. 워라밸을 주장하는 요즘 세대들이 들으면 고개를 절레절레 흔들겠지만, 유럽과 무역을 하다 보면 시차가 있고 휴일도 우리나라와 다르기 때문에 어쩔 수 없었다.

이탈리아가 오전 9시이면 우리나라는 오후 5시다. 현지와 맞춰 일하다 보면 직원들이 퇴근하고 나 혼자 남아서 일해야 했다. 그렇게 열심히 한 이유는 경쟁하는 10퍼센트의 사람들 가운데서도 1등을 하고 싶었기 때문이다. 회사를 경영하는 사장으로서 내가 부족한 점이 많다고 생각해 남들보다 2~3배 노력했던 이유도 있다. 당시 나는 잠자리에 들었다가도 아이디어가 떠올라서 몇 번이고 전등을 켜고 메모를 했다. 그걸 아침마다 정리하면서 수십 년을 살았다.

'지금의 나'로 서기까지 열정은 누구 못지않았다고 자신할 수 있다. 물론 나와는 달리 술도 잘하고 골프도 치면서 나만큼 미치지 않았는데도 더 성공한 이들도 있다. 하지만 누구나 그렇게 될 수 있는 것은 아니다. 자기가 원하는 목표를 위해서는 인내와 절제가 필요하다.

남들이 가지 않는
길을 가는 짜릿함

Q 엄마, 항상 새로운 사업에 도전한 이유가 있어?

A '할래? 말래?'라고 물어보면 나는 나중에 후회해도 일단은 해보는 쪽이었어. 사업을 하다가 벽을 만나면 그걸 뛰어넘거나 깨부수기 위해 뭐든 해봤어. 돌이켜보면 그런 도전의 시기가 지나면 퀀텀점프가 되어 있었어. 해보지도 않고 결과를 대충 짐작하는 것보다 해보고 나면 얻는 게 더 많았거든. 알았지?

인생은 선택의 연속이다. 두 갈래 길 중에서 하나의 길로 가야 한다면 나는 도전하는 쪽을 선택했다. 익숙한 강릉을 벗어나 서울에 왔을 때도, 국내에 머무르지 않고 글로벌 무역인의 삶을 선택할 때도 그런 마음이었다. **남들이 가지 않은 길에 오히려 숨겨진 기회가 있다고 믿었다.**

신사동에서 무역회사를 시작하고 얼마 뒤 중국 시장이 열렸다. 그러자 해외 바이어들이 중국으로 떠났고, 한국에서 더 이상 물건을 구할 수 없게 된 나도 홍콩으로 떠났다. 중국은 국영 은행 위주였고, 제품 생산은 중국에서 했지만 결제는 홍콩에서 진행되었다. 게다가 홍콩인들이 중국 공장을 관리하는 경우가 많아서 홍콩을 택한 것이다.

하지만 중국과 홍콩인들 간의 거래는 긴밀히 연결되어 있었고, 나는 싱가포르로 눈을 돌렸다. 1990년 일본은 물론 한국의 명품 시장은 너무 작아서 명품 브랜드의 동남아 판권을 홍콩이나 싱가포르 회사가 모두 가지고 있었기 때문이다.

당시 우리나라는 수입 자유화가 되지 않아서 외국 제품을 쉽게 볼 수도, 구입할 수도 없던 때였다. 홍콩이나 싱가포르 소매점에서 물건을 구입해 한국 백화점에서 팔아도 돈을 버는 시절이었다. 나는 싱가포르 쇼핑몰에서 우연

때로는 무모함에
자신을 던져라

Q 엄마는 새로운 일에 도전할 때마다 두렵지 않았어?

A 나는 항상 아직 일어나지도 않는 미래의 일을 두려워하기보다 지금 당장 내 눈앞에 벌어진 해결해야 할 문제에 집중했어. 그러면 수심 100미터 아래에 가라앉아 있던 것 같은 어떤 해결책이 물 위로 선명하게 떠올랐어. 그걸 건져 올리려고 물 밖에서 동동거리기보다 물속에 뛰어드는 쪽을 택했지. 그랬더니 다음 스테이지에 도착해 있었어. 알았지?

명확한 목표를 정해 도전할 때면 나는 마음속에서 두려움을 걷어낸다. 이 세상 누군가 한번이라도 해본 것이면 나도 할 수 있다는 마음으로 그냥 시도한다.

무엇을 시도하거나 두려움을 느낄 때 마인드컨트롤을 하는 나만의 방법이 있다. 두려운 상황에 맞닥뜨려 주저하게 될 때 나는 괴한이 총을 들고 쫓아온다고 상상한다. 그러면 죽기 살기로 모든 에너지를 쏟아붓게 된다. 넘어져서 피가 나고 깨져도 아랑곳하지 않고 앞만 보며 전력질주하게 된다. 이런 식의 상상은 '안 될 것 같다', '진짜 못 하겠다'라며 포기하는 나를 일으켜 세워 무모한 도전을 하게 해준다.

1986년 한국에서 아시안게임이 열렸을 그해, 나는 명동에서 보세 옷 가게를 하고 있었다. 아시안게임이 개최되면 외국인 손님들이 우리나라에 대거 입국하고, 물건도 많이 팔릴 거라고 생각해 빚을 내어 무리하게 물건을 준비했다. 하지만 내 예상은 보기 좋게 빗나갔다. 아시안게임이 끝난 후 외국인 손님들은 한국에서 쇼핑하지 않고 일본으로 건너갔다. 1980년대만 하더라도 사실 우리나라에서 구입할 수 있는 좋은 물건은 많지 않았기 때문이다.

장사를 시작한 지 얼마 되지 않았고, 자본금도 넉넉하지 않았던 나에게는 엄청난 위기였다. 이대로 망하는 게 아닌가 걱정되었지만 그대로 포기할 수 없었다. 머릿속에서는 말도 안 되는 무모한 도전이라도 해야 한다고 외치고 있었다. 한국에서 물건을 처분할 수 없다고 판단한 나는 도쿄행 티켓을 끊었다. 태어나서 한 번도 외국에 나가본 적 없었지만 무작정 떠났다.

해외에 나가본 경험이 없던 나는 이태원에서 파티복처럼 소매가 번쩍이는 옷과 뾰족구두를 사서 신고, 이민 가방 2개에 옷 샘플을 가득 넣은 채 비틀거리면서 비행기에 올라탔다. 더 큰 도시에서 장사를 하겠다고 27세에 500만 원을 들고 강릉에서 상경할 때와 비슷한 심정이었다. 지금 생각해도 20대의 나는 무모했지만 강단 있고 멋있었다.

명동의 우리 가게에 일본 신주쿠의 술집에서 일하는 직원이 들렀다가 명함을 남기고 간 적이 있었다. 나는 그 명함 한 장만 믿고 그분을 찾아갔다. (생각해보니 나는 이탈리아든 중국이든 명함 한 장만 들고 떠났던 적이 몇 번 있었다.) 사실 오지 말라고 할까 봐 미리 연락도 하지 않고 공항에 도착해서야 연락했다. 다행히 그분은 반갑게 맞이해주었고, 덕분에 친구들에게 물건을 모두 팔았다. 심지어 일본 바이어까지 소개를 받았다. 아쉽게도 중간에 연락이 끊겨 지금은 소식을 전할 수 없지만 꼭 다시 찾고 싶은 은인이다.

남은 물건을 팔기 위해 무작정 일본으로 떠났던 일, 그것이 해외 시장으로 눈을 돌린 첫 계기였다. **때로는 무모함에 자신을 던져보라. 무모한 도전 뒤에는 내가 생각지 못했던 새로운 세상이 열린다.**

가장 빠르고
확실한 성공 방정식

Q 엄마는 사업할 때 어떻게 시행착오를 줄일 수 있었어?

A   시행착오를 줄이려면 제일 먼저 지금 하는 일이 내 역량을
넘어서는 일인지 판단해야 돼. 내 능력 이상의 일이라면 나는
경험자를 모셔서 노하우를 빠르게 습득했어. 경험을 레버리지
함으로써 시행착오를 줄이고 빠르게 성장할 수 있었던 거야. 알
았지?

빠르게 성장하려면 '경험'을 사야 한다.

무역회사를 시작한 뒤 홍콩, 싱가포르 등과 거래하면서 일본 종합상사인 도레이 등에서 의류용 원단을 수입했다. 코오롱 잭니클라우스와 뱅뱅어패럴 등과 많이 거래했고, 국내 의류 브랜드에도 20년 넘게 납품했다.

사실 일본은 물건을 팔거나 사 올 때도 거래 계약을 맺기가 상당히 까다로운 나라다. 거래처와 일하며 알게 된 사실은 일본은 원단을 처음 개발하고 몇 년 동안은 외국에 판매하지 않는다는 것이었다. 첨단 소재를 사용한 기능성 원단을 주로 생산하던 도레이는(유니클로와 히트텍 원단을 공동 개발한 회사다) 기술 유출을 이유로 신상품이 개발되고 2~3년 후에나 외국에 수출했다고 한다.

나와 거래하던 원단 회사는 전 세계를 상대하는 큰 규모의 업체라 그들과 거래하는 것은 결코 쉬운 일이 아니었다. 국내에서는 코오롱 같은 규모의 회사들과 직접 거래했으며, 일반적으로 나 같은 작은 규모의 회사와는 거래하지 않았다. 바로 이때 경험을 사는 것이 중요하다.

앤 해서웨이 주연의 영화 〈인턴〉을 아는가? 지인 중에 원단 중개 판매업자인 일명 패션 컨버터fasion converter로 몇백억 원을 거래하다가 부도난 사람이 있었다. 그런데 그 지인의 회사에서 모시던 분을 소개받게 되었다. 일본의 5대 종합상사 중 하나인 미쓰이 상사에서 30년 동안 근무하고, 이후 코오롱에서 10년 동안 재직한 후 퇴직한 분이셨다. 운 좋게도 그분을 우리 회사의 고문으로 모실 수 있게 된 것이다.

그분이 회사에 오신 후 많은 것들이 바뀌었다. 고문님은 일본 상사에서 배우고 익힌 많은 것들을 우리에게 전수해주셨는데, 예를 들면 이런 것들이다.

1. 외부에서 전화가 걸려왔을 때 절대 먼저 끊지 않는다.
2. 손님이 우리 회사를 방문하면 사장을 포함해 전 직원이 일어나 인사를 하며 맞이한다.
3. 고객으로부터 클레임이 들어오면 고객의 입장을 충분히 공감하고 부족함이 없도록 최선을 다한다.
4. 고객이 우리 회사를 방문하고 갈 때는 엘리베이터 앞까지 나가 배웅한다.
5. 고객과의 약속은 철저히 지킨다.

당시만 해도 국내 기업 문화에는 '서비스 정신'이라는 개념이 흔치 않던 시절이었다. 그때 우리는 고문님을 통해 세계 최고 수준의 일본 서비스 정신을 배운 것이다. 그뿐만이 아니라 고문님을 통해 일본의 유명 종합상사였던 도레이, 미쓰이 등과도 거래할 수 있게 되었다.

요즘과 같은 고령화 시대에는 전문 분야에서 오래도록 인맥과 경험을 쌓은 나이 든 은퇴자들이 많다. 그분들과 협업하면서 도움을 받는다면 경험치가 낮은 젊은 사장들은 사업에서의 시행착오를 줄일 수 있다. 단, 경험이 많아도 지나칠 정도로 자기주장만 펼치는 분은 경계해야 한다. 능력은 뛰어나지만 꼰대일 가능성이 있다. 시대가 바뀐 만큼 젊은 사장에게도 배울 점이 있다는 사실을 인정하고 서로의 장점을 조화롭게 융합할 수 있는 분을 추천한다.

젊은 사장이 행동대장으로 뛰면서 경험이 많고 열린 자세를 갖춘 어른에게 경영의 전반적인 노하우를 배운다면 서로에게 윈윈이 되는 시스템을 만들 수 있다. 좀 더 빠르게 성공하고 싶다면 경험을 레버리지 하라.

디자인을
파는 시대

Q 엄마, 같은 제품인데 왜 가격이 다를까?

A 같은 참기름이나 들기름인데도 백화점에서 파는 건 더 맛있
고 고급스러워 보여. 동네 참기름 집에서 1만5,000원 하는 참기
름이 백화점에서는 4만9,000원이나 하거든. 그건 아마 포장이나
제품의 포지셔닝에 따라 가격이 달라지는 것 같아. 어떻게 하면
우리가 팔고 있는 제품도 그렇게 만들 수 있을지 잘 생각해봐.
알았지?

밀라노 가구박람회에 삼성전자가 참가했다? 전자제품을 만드는 회사가 웬 가구박람회에 등장했을까 의아할 수 있다. 하지만 삼성전자가 디자인에 주목한 것은 꽤 오래된 일이다.

1990년 초부터 이건희 회장은 "디자인과 같은 소프트한 창의력이 기업의 소중한 자산이자 21세기 기업 경영의 최후 승부처가 될 것"이라며 디자인의 중요성을 강조했다. 그리고 2005년 이 회장은 세계 디자인 중심지인 이탈리아에서 개최하는 밀라노 가구박람회에 방문했다. 이후 삼성전자는 매년 '밀라노 디자인 전략회의'를 진행하고, 2011년부터는 밀라노 가구박람회에서 특별전시회도 열고 있다.

한때 우리나라는 수요는 넘치지만 공급이 부족한 시절이 있었다. 돈이 없는 것은 둘째치고 원하는 것을 사고 싶어도 물건이 없어서 살 수 없었다. 사치품은 거의 없었고, 필요에 의한 생필품 위주의 소비만 이루어졌다. 하지만 지금은 공급 과잉 시대로 원하는 물건은 종류도 다양해 무엇을 선택해야 할지 고민해야 할 지경이다.

상품을 파는 시대에서 디자인을 파는 시대가 되었다. 나는 자주 일본을 드나드는데, 일본에 다녀오면서 구입한 제품의 포장지를 버리지 않는 편이다. 사탕이나 젤리를 담은 비닐 포장지, 홋카이도의 유명 과자점 롯카테이 포장지, 전병을 담은 종이 박스 등은 버리기 아까울 정도로 감각적이고 예쁘다.

'디자인 경영' 하면 떠오르는 애플. 사람들이 애플 제품에 열광하는 데는 여러 가지 이유가 있다. 아이폰이나 아이패드, 아이팟 등은 기술적인 면에서 세상에 없던 새로운 것을 만들어낸 혁신적인 제품들이다. 그리고 이 제품들의 매력을 절정에 이르게 한 것은 심플하고 직관적인 디자인이다.

이제 사람들은 필요에 의해서가 아니라 물건의 '가치'를 사고 싶어 한다. 패스트 패션에 대한 선호도를 지나 이제는 환경을 위해 옷을 수선해 입자고 호소하는 파타고니아 옷을 더 애정한다. 식빵 하나를 사도 건강을 생각해 통밀가루 빵이나 글루텐 프리 빵을 찾는다. SNS에서 사람들에게 자랑할 만한 사진 맛집을 가지만, 숨어 있는 오래되고 낡은 노포를 일부러 찾아가기도 한다.

내가 동대문시장에서 의류 도매업을 하다가 신사동에서 무역회사를 시작한 것도 이런 이유에서였다. 캘빈클라인 등의 미국 브랜드를 동대문시장에서 도매로 판매하는 것과 제대로 갖춘 무역회사에서 거래처에 납품하는 것은 제품 가치의 차이를 만들어주었다. 애플이 애플스토어를 만들어 제품을 직접 체험할 수 있게 했듯이 나도 쇼룸 식으로 의류를 보여주었다. 국내에서 쇼룸 영업은 거의 없던 때라 거래처에서 좋은 평가를 받았던 기억이 난다.

같은 물건도 누가, 어디에서, 어떻게 판매하느냐에 따라 가치가 달라진다. 제품의 가치를 높이기 위한 방법으로 디자인은 중요한 요소다. 그만큼 세계적인 패키지 디자인상 펜타워즈Pentawards도 많은 주목을 받고 있다. 내 브랜드와 내가 팔고 있는 제품을 어떻게 디자인해 시장에 내놓을지 고민해보자.

트렌드보다 기본이
더 중요한 이유

Q 엄마, 사업에서 트렌드를 꼭 알아야 해?

A 트렌드를 파악하는 것은 돈의 흐름을 읽는 거라고 생각하면
돼. 소비자가 무엇에 관심이 있는지를 알면 사업에도 적용할 수
있어. 나는 주로 신문을 보는데, 패션뿐 아니라 요리, 건축 등 다
양한 분야의 잡지도 챙겨 보는 편이야. 트렌드의 길목에 서 있으
면 전체 흐름을 보면서 사업의 중심을 잡을 수 있어. 알았지?

패션은 트렌드에 가장 민감한 분야다. 오랫동안 이탈리아 머플러를 수입하면서 나 역시 트렌드를 빠르게 읽어내어 사업에 적용하려 노력하고 있다. 그런데 아이러니하게도 패션에도 트렌드보다 더 중요한 것이 있는데, 바로 '기본'이다.

머플러 사업 초창기에 프랑스와 이탈리아 머플러를 모두 취급했다. 프랑스 머플러의 경우 컬러가 화사하고 환해서 보는 순간 기분이 좋아진다. 반면 이탈리아 머플러는 톤다운이 되어 있어 차분하고 중후한 느낌을 준다. 두 가지 종류의 머플러를 내놓으면 처음에 사람들은 한눈에 확 들어오는 프랑스 머플러에 몰린다. 그런데 프랑스 머플러를 보며 "예쁘다"를 연발하던 사람들이 최종적으로 선택하는 머플러는 대부분 이탈리아에서 들여온 것이있다. 이는 개인 소비자도 그렇지만, 업체에 선보였을 때도 마찬가지였다.

영국의 패션 브랜드 버버리는 일명 '버버리 체크'라고 해서 베이지, 그린, 네이비가 있다. 사람들에게 가장 익숙한 버버리 컬러는 베이지다. 이 컬러의 주문이 가장 많고 그다음이 네이비 컬러, 그린 컬러 순서다. 다른 브랜드도 살펴보면 비슷하다. 대체로 블랙, 네이비, 그레이, 브라운 등 사람들은 기본이 되는 단색을 가장 많이 찾는다. 이런 경향은 동대문시장이든 수입업체든 마찬가지다. 80퍼센트의 매출이 가장 기본이 되는 제품에서 발생한다.

예를 들어 올 봄에 흩날리는 꽃 모양이 유행한다고 해서 트렌드에 맞춰 꽃 모양이 그려진 티셔츠를 선보였다고 치자. 사람들이 몰려오고 일시적인 판매가 발생할 수도 있다. 하지만 그 제품은 오래 지속되지도, 그렇다고 매출의 높은 퍼센트를 차지하지도 못한다. 단지 구색 맞추기 정도일 뿐이다.

수십 년 동안 원단, 의류, 머플러 등을 납품하면서 판매 추이를 살펴보면 작년에 주문이 많았던 제품, 재작년에 많이 판매되었던 기본 제품이 매년 가장 큰 비중을 차지한다. 사람들은 생각만큼 새로운 도전을 즐기지 않기 때문이다.

사람들은 트렌드에 민감해야 성공한다고 말한다. 하지만 사업적인 측면에서 가장 먼저 고려해야 할 기본은 바로 '소비자'다. 사업을 한다면 소비자 심리를 파악하는 것이 가장 중요하다. 패션은 디자인이 중심으로, 어떤 새로운 디자인이 출시되는지가 그 브랜드의 이미지를 만들어준다. 그러다 보니 각 브랜드의 제품을 만드는 디자이너가 중요한 역할을 담당했고, 디자인실 규모도 상당했다. 하지만 디자이너가 소비자를 무시하고 트렌드만 좇다 보면 '상품이 아니라 자기만 만족하는 '작품'을 만들게 된다. 상품은 팔아야 가치를 인정받는데, 아무리 멋진 상품이어도 팔리지 않는다면 쓸모가 없다.

패션은 이제 MD 시대가 되었다. MD는 판매하는 사람이다. 소비자 입장에서 어떤 물건을 살지를 고민한다. 생산자 중심이 아니라 소비자 기준에서 제품을 평가하는 것이다. **제품을 팔리게 하려면 트렌드보다 더 중요한 것은 결국 소비자의 심리다.**

위기에 대처하는
사업 노하우

Q 엄마는 사업할 때 어떻게 아이템을 골랐어?

A 장사도 상황에 따라 적합한 아이템이 있어. 예를 들면 경기
가 좋을 땐 양주가 잘 팔리고, 경기가 안 좋을 땐 소주나 막걸
리, 라면 같은 게 잘 팔린다고 하잖아. 사업 아이템을 잘 고르려
면 뉴스를 보면서 세상 돌아가는 걸 잘 모니터링해야 해. 지금
경제 상황이 어떻고, 사람들이 어디에 돈을 쓰는지 계속 관찰하
다 보면 방향이 보이거든. 알았지?

요즘은 개인과 기업이 모두 장기침체로 힘들어하고 있다. 나쁜 경기를 탓해봐야 소용이 없다. 벌어진 상황은 개인의 힘으로 돌이킬 수도 없다. 그렇다고 지레 낙담한 채 포기하지 않았으면 좋겠다. 경제의 물결치는 곡선은 역사에서 계속 존재해왔고, 각자의 상황에서 최선의 해결책을 찾아내면 된다.

전반적인 경제 상황이 좋지 않을 때도 모든 사람이 위기를 겪는 것은 아니다. 오히려 업종, 아이템을 잘 선택하고 기존의 방법을 현재 상황에 맞게 수정해나가면서 위기를 극복한 사례들이 있다. 30년 이상 장기침체를 겪은 일본에서도 유니클로, 다이소 등의 브랜드는 최악의 불경기에서 급성장한 사례다. (최근 한국 다이소는 일본 지분을 모두 인수해 한국 기업으로 독립했다.)

경제 둔화 시기에 유니클로는 난방비를 절약하고 싶어 하는 소비자의 심리를 파악해 '히트텍'을 개발해 전 세계적으로 1억 장 이상을 팔아치웠다. 다이소의 경우 초저가 생활용품점으로 미국이나 영국 등에도 이미 원달러 숍과 같은 가게들이 있었는데, 불경기로 인해 급성장한 경우다. 샴푸나 기타 불필요한 서비스를 없애고 오로지 저렴한 커트만으로 승부하는 미용실도 있다. **어느 업종이든 관점을 바꾸면 위기가 기회가 될 수 있다는 뜻이다.**

우리나라의 경우 MZ세대를 중심으로 스몰 럭셔리 Small Luxury가 유행이다. 스몰 럭셔리는 말 그대로 작은 사치품이란 뜻으로 가성비, 가심비를 선호하는 MZ세대의 트렌드라 할 수 있다. 과거에는 값비싼 옷이나 가방으로 명품 플렉스를 했다면, MZ세대는 저렴한 립스틱이나 향수, 지갑 등 작지만 비교적 저렴하고 예쁜 물건을 소비함으로써 대리만족을 이어가고 있다.

불황이지만 모든 업종이 불황은 아니다. 현재의 사업에서 약간의 생각 비틀기를 해보면 오히려 더 큰 성장도 가능하다. 나는 매일 종이 신문을 보는 편인데, 최신 경제 상황과 소비심리 변화를 놓치지 않고 모니터링하다 보면 좋은 아이디어를 얻을 수 있다. 불황이라고 경제 탓만 하지 말고 물때를 잘 살펴가며 현재의 위기를 헤쳐나가자.

40년 동안 실천한
딱 한 가지 습관

Q 엄마가 성공하는 데 가장 큰 도움이 된 습관이 뭐야?

A 평생에 걸쳐 메모를 한 습관이지. 누구를 만나거나 책이나
신문을 보면 기록으로 남겨두려고 노력했거든. 나에게 필요한
정보를 수집하고 정리해두니까 어떤 일을 하든 남들보다 빠르게
성장할 수 있었어. 알았지?

돈 안 드는 메모 습관으로 인생이 바뀐다. 지난 40년 동안 나는 다양한 분야에서 창업을 해왔는데, 그렇게 할 수 있었던 것은 메모 습관 덕분이다.

나의 사업 아이디어의 원천은 다양하다. 대화하다가 머릿속을 스치는 아이디어가 떠오르기도 하고, 책을 읽다가 영감을 얻기도 한다. 무엇보다 새로운 정보를 얻을 때마다 흘려보내지 않고 전부 메모하고, 관련 자료는 이후에도 계속 추가로 조사해 덧붙인다.

집에서는 듀얼 모니터를 사용하는데, 한쪽 화면으로 유튜브를 시청하고 다른 한쪽 화면으로는 노션 앱을 켜놓고 메모한다. 나의 노션 앱은 나만의 라이브러리library라고 할 정도로 다양한 정보가 집적된 보물 창고다. 사업 정보, 경제 공부, 개인 메모 등 모든 것이 섹션별로 정리되어 있다.

나는 41세에 결혼해 42세에 아들을 낳았다. 20대부터 '여성 사업가'로만 살다가 마흔 넘어 아이를 얻으면서 '엄마'라는 새로운 타이틀이 생긴 것이다. 그러다 보니 아이를 어떻게 키워야 하는지 잘 몰랐다. 하지만 자녀교육에 관한 정보도 신문을 통해 얻을 수 있었다.

당시 나는 일간지를 3개 정도 구독하고 있었는데, 신문 기사에서 자녀교육 전문가들이 공통적으로 강조하는 것이 '독서'였다. 영어 공부에 관해서는 문법을 익힐 게 아니라 책을 읽고 들으면서 배워야 한다고 했다. 미국에서 어린이책으로 가장 큰 출판사인 스콜라스틱 사장의 인터뷰 내용이었다.

매일 신문을 보면서 다양한 정보들을 섹션별로 스크랩하기 시작했다. 그리고 차곡차곡 모은 정보를 바탕으로 아이를 학원에 보내기보다 책 읽기에 많이 노출시켰다. 주위 엄마들이 유치원생 아이를 영어 학원에 보내도 나는 학원 대신 영어책을 읽고 들으면서 배우도록 했다. 그때 만든 아이의 독서 습관은 지금도 최고의 자산이 되었고, 나 역시 평생에 걸친 메모 습관 덕분에 다양한 창업에 도전할 수 있었다.

메모가 중요하다는 것은 강조하지 않아도 익히 알고 있을 것이다. 하지만 메모 습관에서 가장 중요한 것은 자신에게 필요한 것을 세분화해서 정리하는 습관이다. '기록은 기억을 이긴다'라고 하지 않던가. 메모하면서 머릿속을 비워라. 대신 정리하고 메모한 것을 필요할 때마다 꺼내 보면 된다.

똑같은 것을 보고 들어도 결과는 다르다. **지식을 자신의 생활에 적용하기 위해서는 나만의 언어로 다시 정리**

해서 적용해야 한다. 그럴 때 메모는 최고의 가치를 발휘한다. 그것이 메모를 해야 하는 이유다.

가장 확실하게 1,000만 원
모으는 법

Q 엄마, 어떻게 해야 1,000만 원을 확실히 모을 수 있을까?

A 나누기를 잘하면 돼. 우선 목표 금액을 정하고, 기간을 정해. 그런 다음 그걸 나눠보면 하루에 얼마를 모아야 하는지가 나와. 목표가 작아지면 해볼 만하다는 생각이 들거든. 알았지?

돈을 모으는 가장 간단하지만 확실한 방법이 있다. 나누기를 잘하면 된다!

만약 '1년에 1,000만 원 모으기'가 목표라고 하자. 그러면 1,000만 원 나누기 365일을 하면 된다. 결과는 하루에 2만8,000원. 그렇다. 하루에 2만8,000원을 모으면 된다. 물론 하루에 2만8,000원 모으는 건 어디 쉬운 일이냐며, 말도 안 된다면서 웃어넘길 수 있다.

자, 그럼 다시 나누기를 해보자. 하루 24시간 중에서 잠자는 시간을 빼고 일할 수 있는 시간은 8시간이다. 2만8,000원 나누기 8시간을 하면 1시간당 3,500원을 벌면 된다. 이제 조금 가능할 수도 있겠다는 생각이 드는가? 오늘은 커피를 안 마신다거나 당근으로 물건을 팔거나 아르바이트를 해보거나 등등 고민해보면 돈을 모을 수 있는 여러 가지 방법이 떠오른다. 시간을 단축하고 싶다면 금액을 약간 늘리는 것도 생각해볼 수 있다.

이처럼 아무리 큰 목표라도 나누기를 잘하면 가능성이 보인다. '돈 모으고 싶다'라고 막연히 생각에 머무르지 말고 구체적으로 원하는 금액과 기간을 정하라. 그리고 나누기를 해서 한 시간에 얼마를 모으면 가능할지 계산하면 된다.

돈 모으기는 물론 외국어 배우기나 다이어트 등도

나누기를 하면 충분히 가능하다. 하루에 영어 3문장 외우기, 하루에 500칼로리 덜 먹기 등 나누기로 목표를 잘게 쪼개면 원하는 목표를 달성할 수 있다. 목표가 있다면 나누기를 해보자. 목표 달성이 훨씬 쉬워진다.

종잣돈이
목돈이 되려면

Q 엄마, 어떻게 하면 큰돈을 모을 수 있어?

A 큰돈을 벌려면 더 많은 가치를 주는 법을 알아야 해. 똑같이
시작해도 일을 대하는 방식에 따라 결과가 완전히 달라지거든.
무엇보다 돈을 벌기 시작할 때 소비 습관을 관리하는 것도 정말
중요해. 알았지?

부자가 된 사람들은 시작부터 부자가 될 때까지 똑같은 에너지를 쓰지 않았다. 무일푼에서 1,000만 원을 모았다면 2,000만 원을 모으는 것은 20퍼센트 정도 쉬워진다. 1,000만 원을 모으는 과정에서 일도 배우고 마인드와 노하우가 달라졌기 때문이다. 다르게 말하면 더 높은 가치를 가져다주는 방법을 깨달은 것이다.

마트에서 최저 시급을 받으며 파인애플 판매를 담당하던 아르바이트생이 있었다. 아르바이트생은 퇴근 후 저녁마다 유튜브를 보며 '파인애플 깎는 법'을 연구했다. 고객들이 파인애플 구매를 꺼리는 가장 큰 이유가 '껍질 깎는 게 번거로워서'라고 생각했기 때문이다. 파인애플 깎는 것이 익숙해지자, 아르바이트생은 마트 중앙에서 파인애플 깎는 법을 멋지게 시연했다. 그러자 파인애플 매출이 엄청나게 늘어났고, 그는 다른 업체로 스카우트되었다. 더 많은 가치를 주는 법을 공부하고, 일의 방식을 바꾸면 결과도 달라지는 법이다.

종잣돈을 모아본 사람은 자산이 늘어나는 속도가 다르다. 3,000만 원, 1억 원의 자금을 마련한 사람은 이후 자산이 빠르게 늘어난다. 그 돈을 모으기까지 노력했던 경험과 소비 습관이 이미 깊숙이 체화되었기 때문이다. 그때부터는 자금의 최대 30퍼센트를 사업이나 투자에 활용해볼 수 있다. (무자본 창업도 가능하다.) 추가 자금이 필요하면 나머지 70퍼센트 중 20퍼센트만 사용하고, 50퍼센트는 항상 남겨 두어야 한다. 혹시 잘못되더라도 5,000만 원에서 1억 원으로 가기는 비교적 쉽기 때문이다. 몰빵 하면 복구가 어렵다.

무엇보다 작은 돈이라도 부를 만드는 데 가장 중요한 것은 소비 습관이다. 하루에 한 번 마시는 커피 한 잔도 한 달, 1년을 모으면 큰돈이다. 커피 한 잔이 4,500원이라고 가정하면 1년이면 커피에 164만 원 정도 소비하는 꼴이다. 나 역시 자기계발을 위한 비용 외에는 거의 돈을 쓰지 않는 편이다. 오죽하면 가끔 집에 오는 가사도우미 여사님이 "사모님 옷장은 어디 있어요?"라고 물어본 적이 있었다.

무일푼에서 부자가 되려면 생각을 바꾸고, 계획하고, 실천하는 노력이 필요하다.

1억 이상 모으려면
반드시 알아야 하는 것

Q 엄마, 자산을 모을 때 꼭 알아야 하는 게 있을까?

A 돈을 버는 것과 지키는 방법은 완전히 달라. 돈을 잘 벌어도
지키는 법에 대해 무지하면 한순간에 자산이 날아갈 수 있어.
그래서 다방면의 금융 공부가 필요해. 특히 돈을 벌수록 세금에
대해서는 반드시 공부가 필요해. 알았지?

살다 보면 내 잘못이 아니어도 많은 돈을 잃을 때가 있다. 부자들도 자산가가 되기까지 수많은 우여곡절과 시행착오를 겪었다. 그런 경험이 있었기에 자산을 불리는 것에 더해 돈을 지키는 방법도 공부한다. 자칫하면 힘들게 번 자산을 송두리째 날려버릴 수 있기 때문이다.

돈은 버는 것 이상으로 지키는 것이 중요하다. 돈을 버는 데만 집중하고 지키기 위한 지식을 갖추지 않으면 나중에 큰 리스크가 된다. 예를 들어 국가의 정책 방향을 제대로 파악하지 못할 경우 리스크가 생길 수 있다. 어느 시기에는 정부에서 집을 사라고 독려하면서 대출을 풀어주고 다주택자를 허용하다가, 정권이 바뀌면 다주택자에게 갑자기 많은 세금을 물릴 수도 있다. 이 경우 다주택자는 한순간에 대출금이 막혀 파산한다. 지난 코로나 팬데믹 기간에도 세금으로 파산한 사람들이 있었다. 정책의 옳고 그름을 따지는 것이 아니다. 정책 변화를 파악하지 못하고 의사결정을 하면 큰 손해를 입을 수 있다는 뜻이다.

돈을 지키기 위해서는 반드시 알아야 하는 기본적인 지식들이 있다.

첫째, 경제 정책에 대해 알아야 한다. 나는 일간지의 경제란, 부동산 섹션을 꾸준히 읽는다. 경제 정책을 매일 들여다보면 흐름이 보이기 시작한다.

둘째, 세금에 대해 알아야 한다. 부가가치세, 소득세, 취득세, 양도세는 기본적으로 알고 있어야 한다.

셋째, 대출 정책을 알아야 한다. 경제 정책 중에서도 세부적으로는 대출에 대해 잘 파악해야 한다. 개인 사업자나 직장인의 경우 본업을 하면서 은행 대출을 이용해 투자가 가능하기 때문이다.

넷째, 개인 신용관리를 철저히 해야 한다. 신용 사회에서는 집을 매입하기 위해 대출을 받을 때 개인 신용등급이 영향을 미친다. 신용 관리를 잘하는 방법에 대해서는 관련 영상들이 있으니 찾아보면 된다.

자산을 지키고 부자가 되려면 금융 공부는 필수다.

대부분이 모르는
부자가 되는 비밀

Q 엄마, 부자가 되기 위해 가장 중요한 건 뭐야?

A 월급이나 사업소득만으로 부자가 되기란 쉽지 않아. 요즘같
이 금리가 높은 시대에는 저축만 하거나 전세금에 돈을 묻어두
면 내 돈이 점점 녹아내려. 나는 수십 년 동안 사업을 했지만 사
업소득으로 부자가 된 게 아니야. 자산에 투자함으로써 부자가
될 수 있었어. 그래서 자본주의 사회에서는 경제를 이해하고 공
부하는 게 굉장히 중요해. 알았지?

왜 부자는 더 부자가 되고 가난한 자는 더 가난해질까? 영국의 위대한 경제학자 존 메이드 케인즈John Maynard Keynes 는 **"인플레이션은 저축한 사람에게서 대출을 받은 사람에게로 부를 이전시킨다"**라고 말했다. 보유한 현금을 은행에 예치해두면 원금 보전은 될지언정 금리가 낮아 내 돈이 점점 줄어드는 원리다.

20여 년 전 나는 6억 원 정도를 대출받아 청담동에 4층짜리 꼬마빌딩을 구입했다. 당시 나는 사업에만 몰두해 있던 터라 부동산 투자 등의 재테크를 잘 몰랐다. 다만 아이가 태어나고 집과 사무실을 같이 사용하려면 꼬마빌딩이 적절하다고 판단해 필요에 의해 구입한 것이다. 그런데 그 꼬마빌딩을 20년 이상 보유하고 보니 부동산의 가치가 그때에 비해 10배 이상 올라 있었다. 사업 매출에만 집중하던 나는 그제야 재테크에 눈을 뜨기 시작했고, 자본가는 투자를 통해 탄생한다는 사실을 깨달았다.

부동산은 장기 투자와 인내가 핵심이다. 나뿐 아니라 우리 가족, 친구, 지인들도 경험하고 깨달은 사실이다. 경제 공부를 시작하면서 그제야 왜 부동산 자산이 장기적으로는 상승 곡선을 그리는지를 이해할 수 있었다. 내가 국민학교를 다니던 시절에 먹었던 똑같은 짜장면이 지금은 1만 원 가까이 하는 것만 봐도 알 수 있다. 짜장면 가격이 오른 게 아니다. 세월이 흐르면서 돈의 가치가 떨어진 것이다.

우리나라 10년 역사를 살펴보면 부동산의 상승 그래프가 어떻게 변했는지 알 수 있다. 결혼한 직원들에게 언제 집을 살 거냐고 물어보면 대부분 비슷한 대답을 한다. "집값이 너무 비싸요. 열심히 저축하고 있는데 언제 살 수 있을지 모르겠네요."

그런 사람들에게 나는 단호하게 말해주고 싶다. 열심히 저축하는 것만으로 집을 사기는 어렵다. 세계적으로 유명한 경제학자도 인플레이션이 되면 '저축하는 사람'이 부자가 되기 힘들다고 말하지 않았던가. 사실 10년 동안 월급을 아끼고 아껴 전세에서 자가를 구입할 돈을 마련했다고 치자. 하지만 그 미래가 되면 부동산 가격은 또다시 10년을 모아야만 살 수 있는 금액으로 멀리 도망가 있을 것이다. 결국 계속 저축만 하다가는 영원히 집을 살 수 없게 된다.

전세 자금이 있다면 대출을 받더라도 작은 집을 마련해보는 것은 어떨까? 시간이 지나면 부동산은 근로소득이나 사업소득으로 벌 수 없는 돈으로 불어날 것이다. 그렇다고 무리해서 집을 사라는 뜻은 아니다. 정직하게 차곡차곡 돈을 모을 수 있는 사람이라면 한번쯤 그런 결단이 필요하다는 의미다. 그리고 그 바탕에는 경제 공부가 반드시 선행되어야 한다. 모으기에만 올인하지 말고, 적은 돈이지만 자산 투자가 핵심임을 알려주고 싶었다.

상위 1퍼센트 부자들이
자산을 만든 법

Q 엄마 주변의 청담동 부자들은 어떻게 부자가 됐어?

A   그들은 돈은 투자했을 때만 살아 있다고 생각했어. 저축보
다는 투자를 통해 부를 쌓았는데 아파트보다 건물 투자를 더
선호했지. 그리고 자신들보다 더 큰 부를 가진 재벌들의 투자 동
향을 잘 살펴본 것 같아. 알았지?

나에게는 인생의 귀인이 여러 명 있다. 그중 한 명이 투자 경험이 전혀 없던 나에게 꼬마빌딩을 사라고 끊임없이 재촉했던 친구다. 내가 소유한 꼬마빌딩도 같이 구경한 친구가 "네가 안 사면 내가 산다"라고 말해서 밤새 고민하다가 매수를 결정한 경우다.

나는 투자에 아주 늦게 입문한 케이스다. 청담동 친구들과 오래도록 건물을 보러 다녔지만, 한 번도 투자를 해본 적이 없었다. 매수하지 않을 이유를 수십 가지 생각하며 많은 기회를 놓쳤던 것이다. 모든 현금을 은행에 박아놓고 말이다. 사업으로 많은 돈을 벌었지만 내가 그들보다 한참이나 늦게 부자가 된 이유다.

그에 반해 내 친구는 보러 긴 긴물을 내부분 매수했고, 몇 년 지나지 않아 배가 넘게 수익을 냈다. 나보다 일찍 부동산에 대해 공부하고 투자한 주변의 부자들도 지금 엄청난 자산가가 되었다. 나는 부동산 전문가가 아니지만, 내 주위 자산가들을 보면 부동산 투자를 하지 않은 사람이 거의 없다.

대학원에서 부동산을 공부할 때 만난 지인이 있다. 그는 어느 정도 돈이 모일 때마다 재개발 예정지에 투자했다. 지인의 초기 투자금은 천만 원 단위였지만, 시간이 지나며 100억 자산가로 성장했다. 지금도 한 달에 부동산 관련 책만 10권 이상 읽고 있다. 10년 전 남편을 먼저 보내고 세 명의 아이들과 살아가면서 죽기 살기로 공부한 결과다.

우리나라 인구 중 1퍼센트가 75억 원 이상의 자산을 보유한 부자라고 한다. 그들의 자산 분포도를 살펴보면 부동산 50퍼센트, 채권이나 달러 투자 20퍼센트, 현금 보유 30퍼센트라고 한다. 투자할 기회가 생겼을 때 바로 움직이기 위한 예비 자금으로 현금을 보유하고 있는 것이다.

내가 알고 있는 1퍼센트 부자들을 만나보면 그들은 투자를 결정하는 데 하루도 걸리지 않았다. 단순히 돈이 많아서가 아니었다. 투자에 대한 식견이 있었기 때문이었다. 나처럼 어떤 부동산이 좋은지 분별할 수 있는 안목이 없는 사람은 매일 똑같이 부동산을 보러 다녀도 하나도 못 산다. 하지만 오래도록 부동산 투자를 해본 사람은 그에 대한 안목이 있다. 핵심 상권을 매수하기 때문에 고민도 덜하다.

부동산을 한 번이라도 매입해본 사람은 필연적으로 부동산에 계속 신경을 쓴다. 건물 앞에는 최소 2차선 도로가 있어야 하고, 도로 끝이 막다른 곳이면 안 되고, 내리막 길 밑은 비추이고, 평수가 작아도 코너 건물이면 좋다 등등. 계속 관심을 갖다 보니 지식이 저절로 쌓인다.

아무것도 없는 제로에서 시작한 내가 1퍼센트 자산가가 될 수 있었던 것은 열심히 사업을 했기 때문이 아니다. 물론 내가 꼬마빌딩을 매입할 수 있었던 종잣돈은 사업소득에서 왔다. 그러나 그 돈을 꼬박꼬박 저축만 하고 있었다면 겨우 아파트 하나 장만했을 것이다.

10억 원짜리 아파트를 매입하려면 1년에 5,000만 원을 저축해도 20년 걸린다(세금 제외). 그런데 1년에 현금 5,000만 원을 20년 동안 계속 저축하는 것은 거의 불가능하다. 혹 가능하다 해도 아파트 시세가 20년 동안 가만히 있지 않는다. 동네 부동산에 가서 10년, 20년 전 아파트 시세를 물어보면 된다. 부동산에 가지 않더라도 최근 10년 전 아파트 시세는 네이버 부동산이나 국토교통부에서 실거래가만 조회해봐도 알 수 있다.

부자들이 건물을 선호하는 이유는 아파트와 비슷한 금액을 투자해도 매도 시 보통 1.5배 정도 더 이익이 나기 때문이다. 아파트는 아파트별 가격이 어느 정도 정해져 있기에 투자를 시작하는 사람이 그나마 쉽게 투자할 수 있지만, 투자 경험이 많은 슈퍼리치들은 아파트보다는 낡은 건물을 사서 리모델링이나 재건축을 통해 큰 차익을 본다.

이처럼 0.1퍼센트에 해당하는 슈퍼리치는 사업소득이

나 근로소득보다는 부동산 투자를 통해 자산을 형성했다고 보면 된다. 따라서 부동산에 처음 투자한다면 자기가 잘 아는 동네의 아파트에 먼저 투자하고, 이후에 부동산 공부가 더 되었다면 발품을 팔아 오래된 단독 주택을 사서 리모델링을 거쳐 꼬마빌딩으로 만드는 순서대로 적용하면 된다.

부자들도 처음부터 부자는 아니었다. 그들은 '돈은 투자할 때 살아 있다'라는 부자의 철학을 좋아한다. 그 철학을 믿고 계속 공부하고 단계를 밟아가면서 실전 투자를 했기에 부자가 될 수 있었다. 열심히 일해서 번 소득을 올바른 자산에 제대로 투자하는 지혜가 필요하다.

딱 두 마디만
잘해도 인정받는다

Q 엄마, 사람들과 좋은 관계를 맺으려면 어떻게 해야 돼?

A 딱 두 마디만 잘하면 돼. 나는 수십 년 동안 '감사합니다'와 '미안합니다'를 꼭 표현했어. 감사한 일에는 감사함을 말로 표현했고, 미안한 일에는 진심으로 사과했어. 그 두 마디만 잘해도 사람들과 좋은 관계를 유지할 수 있어. 알았지?

평소 딱 두 마디만 잘해도 잘 살아갈 수 있는데, 바로 '감사합니다'와 '미안합니다'이다. 누구나 알고 있고, 흔히 쓰는 가장 기본적인 말이다. 하지만 내가 만난 사람들 중에서 90퍼센트는 이 말을 제때 제대로 쓰는 사람이 없었다. 부모와 자식 관계는 물론 사회생활에서도 이 두 마디만 잘해도 관계에서 문제가 생길 일은 없다.

수백만 원의 돈을 지불하며 리더십 교육을 받으러 다니는 사람들이 있다. 물론 아무것도 하지 않는 것보다 배움을 실천하는 것은 칭찬할 만한 일이다. 하지만 그보다 더 중요한 것은 평소 이 두 마디를 잘하는 사람이 되는 것이다. '감사합니다', '미안합니다'라는 두 마디만 잘해도 최고의 리더십을 발휘할 수 있다.

40여 년 동안 다양한 사업을 하면서 많은 직원들과 만났다. 그중에는 우리 부모와 비슷한 연배인 분들도 있었고, 반대로 우리 아들과 비슷한 나이대의 직원들도 있었다. 그렇게 다양한 사람들과 일하면서도 큰 탈 없이 잘 지낼 수 있었던 것은 '감사합니다', '미안합니다' 두 마디를 잘했기 때문이다.

직원이 일을 잘했다면 격려와 칭찬을 말로 직접 해야 한다. 그렇지 않으면 직원은 어차피 잘해봤자 득 되는 게 없다고 여기고, 딱 받는 월급만큼만 일한다. 또 사장도 실수할 수 있는데, 그때는 자신의 실수를 바로 인정하는 자세가 중요하다. '사장이니까' 하는 자존심에 입을 닫아버리면 직원들은 사장을 신뢰하거나 존경하지 않을 것이고, 회사가 제대로 굴러가지 않을 것임은 확실하다. '관리'가 아니라 '관계'를 맺으며 살아가자.

갈등을 가장 효과적으로
해소하는 법

Q 엄마, 상대와 갈등이 생겼을 때는 어떻게 대처해야 해?

A 가장 중요한 건 상대방의 입장을 먼저 공감해주는 거야. '이
래서 기분이 나빴구나' 하고 말이야. 공감해주면 일단 흥분이 가
라앉아. 그러면 그때부터는 이성적으로 대화가 가능해지거든.
알았지?

나는 살면서 누구와도 적을 만드는 것을 원치 않는다. 갈등을 제때 해결하지 않았을 때는 세월이 지나도 나에게 빠지지 않은 가시로 박혀 있기 때문이다.

어찌 보면 우리는 항상 갈등 속에서 살아간다고 할 수 있다. 그렇기에 갈등을 성숙하고 원만하게 해결하는 방법을 반드시 배워야 한다. 갈등이 생겼을 때는 자기 입장만 내세우면 절대 해결되지 않는다.

갈등을 해결하는 데 가장 필요한 것은 '공감'이다. 상대가 왜 화를 내는지, 왜 나에게 실망감을 표하는지 상대의 입장에서 그 상황을 바라보는 것이 공감의 첫 번째 단계다. 실제로 나는 이 방법으로 주위 사람들의 갈등 상황을 자주 해결해주었다. 친구나 연인, 직장동료는 물론 부부관계에서도 상대에 대한 배려와 공감이 없다면 갈등은 가시가 되어 언젠가 우리의 몸을 곪아 터지게 만들 것이다.

갈등을 만들지 않으려면 불합리한 상황에 직면했을 때 '예스'와 '노'를 분명하게 말해야 한다. 상대가 무례한 말이나 행동을 할 때 단호하게 '노'라고 이야기하면 다음 단계로 나아가지 않을 수 있다.

회사에서, 친구나 연인 관계에서도 불합리한 상황이 생기면 그때 즉각적으로 표현하고 갈등을 끝내야 한다. 만약 의사 표현이 수용되지 않는다면 그때는 당연히 그 관계를 청산해야 한다. 다만 너무 감정적으로 대응하지 않길 바란다. 순간적으로 '저 인간 다시는 안 봐도 된다'라고 생각할 수 있지만, 살다 보면 그 사람이 필요해지는 순간도 있다. 극단적인 방법이 모든 갈등의 해결책은 아니라는 뜻이다.

무엇보다 갈등 상황에서 상대를 미워하고 욕하다 보면 그것이 나에 대한 부정적 평판으로 이어질 수 있다. 특히 한쪽 편에 서서 싸움을 부추기는 사람은 살아가면서 가장 피해야 할 유형이다.

살다 보면 부모와 자식 간, 형제간에도 갈등이 생긴다. 하물며 타인과의 관계가 내 마음 같지 않은 것은 당연하다. **살면서 적을 만드는 것은 높은 확률로 다시 나에게 칼이 되어 돌아온다.** 조심해야 할 부분이다.

지나간 기회는
두 번 오지 않는다

Q 엄마, 어떻게 하면 기회를 놓치지 않을 수 있을까?

A 사업을 하다 보면 엄청난 기회가 올 때가 있어. 지나봐야 '아차' 하고 알게 되지. 그래서 항상 눈과 귀를 열어두어야 해. 알았지?

버스 지나간 다음 후회하지 마라. 지난 시간을 돌이켜보면 나는 엄청난 기회를 제대로 잡지 못하고 놓쳐버린 경험이 많다.

한때 우리나라는 아무리 유명한 브랜드라고 해도 국내에서 가장 먼저 상표 출원을 하는 사람에게 브랜드 권리가 있었다. 그 브랜드와 전혀 상관없는 제3자라 해도 말이다. 예를 들어 A라는 회사가 버버리 브랜드를 수입한다고 치자. 그런데 A사와 아무런 관계도 없는 누군가가 국내에서 먼저 버버리에 관한 상표 등록을 했다면 출원 신청한 그 사람에게 로열티royalty를 줘야 하는 상황이었다. 당시 발 빠른 사람들은 이런 말도 안 되는 상황을 이용해 수십에서 수백 개의 상표를 등록하고 로열티 장사를 했다.

내가 아는 지인 중에도 수백 개의 상표를 미리 등록한 이가 있었다. 그는 나에게 상표를 마음대로 가져다 쓰라고 했다. 나는 이탈리아 머플러를 수입하고 있었기에 국내 장사에 대해서는 별 관심이 없었고, 그가 등록한 상표 중 하나의 브랜드만 선택했다. 만약 당시 내가 훨씬 대중적이고 인기 있는 브랜드를 선택해 제조, 판매했더라면 지금보다 더 빠르게 성공할 수 있었을 것이다. 하지만 아쉽게도 그때는 그런 혜안이 없었다. (현재는 전 세계적으로 상표권에 대한 조치가 강력해졌다. 버버리의 체크 패턴은 비슷하기만 해도 걸린다.)

구찌 가문의 패밀리 싸움으로 회사가 상당히 어려웠던 시절이 있었다. 그때 나는 이탈리아 출장을 갔다가 아울렛 취급 창고에서 구찌 의류와 가방 등이 산더미처럼 쌓여 있는 것을 보았다. 안타깝게도 나는 구찌 브랜드에 대해 잘 몰랐던 때라 그 물건들을 보고도 지나쳐버렸다. 만약에 그때 내가 아울렛 창고에서 구찌 물건들을 구입했더라면 어땠을까? 당시 그 물건들의 가격은 정가 대비 10~20퍼센트 정도의 수준이었다. 지금 생각해도 정말 아쉬운 기회였다.

이처럼 사업을 하다 보면 예기치 못한 엄청난 기회가 눈앞에 펼쳐진다. 그런데 정작 우리는 그 기회를 기회라고 알아채지 못하는 경우가 허다하나. 지나고 나서 뒤늦게야 그것이 기회였음을 깨닫는다.

오랜 경험을 통해 내가 발견한 기회를 낚아채는 몇 가지 방법을 소개한다. 먼저 다양한 직업의 사람을 만났을 때 현재 내 일과 무관하더라도 진지하게 경청한다. 당장은 무관해 보일지라도 이후 그 이야기가 도움이 된 경우를 여러 번 경험했다. 다음으로 깊은 전문지식은 물론 넓고 얕은 지식과 경험을 쌓는다. 평소 다양한 분야의 책, 뉴스, 잡지 등을 보면 기회가 왔을 때 알아챌 수 있다. 넓고 다양한 지식을 통해 가치를 알아볼 수 있기 때문이다. 참고로 나는 패션 분야라 잡지에서 도움을 받은 적이 많다.

매사 애정 가득한 시선으로 주위를 살피고 관심을 가져라. 지나간 버스 뒤꽁무니를 보면서 후회하지 말고, 기회가 왔을 때 내 것으로 제대로 낚아챌 수 있는 지혜를 갖추길 바란다.

끝까지
견디는 힘

Q 엄마, 사업하면서 어떻게 지치지 않고 끝까지 갈 수 있어?

A 일이 뜻대로 안 풀리면 그만두고 싶다는 마음이 드는 게 당연해. 엄마도 외국과 수입 거래를 하면서 클레임이 해결되지 않아 거금을 지불받지 못한 적도 있었고, IMF 시절 환율 폭등으로 5억 원 이상의 환차손을 보며 회사가 파산할 지경이 된 순간도 있었어. 하지만 성공한 무역인이 되고 싶다는 분명한 목표가 있었기 때문에 계속할 수 있었어. 원하는 목표가 있다면 이루고 싶다는 자신의 강렬한 의지만 믿고 가면 돼. 알았지?

나는 새로운 사업을 시작할 때 끝점, 즉 최종 목적지를 명확하게 그렸다. 무슨 일을 하든지 고속도로처럼 막힘 없이 달리기란 쉽지 않다. 달리다 보면 커브 길도 만나고, 막다른 길에 가 있을 때도 있다. 하지만 내가 그린 끝점을 떠올리면 다시 핸들을 돌릴 힘을 얻는다.

1986년 27세에 강원도 강릉에서 대관령을 넘어 서울에 입성(?)했다. 그때 나는 낯선 서울에서의 삶을 두려워하기보다 젊은 나이에 성공한 멋진 사업가라는 나의 끝점을 그렸다. 그 끝점을 떠올리며 매 순간 최선을 다해 열심히 일했다. 그 결과 재벌들이 주로 거주하는 한남동 유엔빌리지에서 7년가량 살았고, 30세에 당시 흔치 않았던 벤츠를 몰고 다녔다. (유엔빌리지는 1970년대까지 주로 외국인들이 거주하던 곳으로 외부인이 함부로 드나들지 못하던 곳이었다. 당시 우리나라는 뷰view에 대한 인식이 없을 때였는데, 유엔빌리지는 탁 트인 조망으로 유명했다. 이후 1980년대 이후부터 정치인, 재벌 등이 주로 살았고 지금도 고급 주택으로 인기가 많다.)

사무실은 코엑스 사무실을 거쳐 우리나라 최고의 오피스 빌딩인 무역센터에 입주해 있었으며, 성공한 여성 사업가로 뉴스에도 소개되었다. 비즈니스 클래스를 타고 수시로 해외 출장을 다녔고, 30대에 이미 많은 부를 이루었다.

내가 그린 끝점까지 다다른 것이다.

해외 무역을 할 때 나는 여성 무역인으로서 남들이 가지 않은 길을 개척한다는 자부심이 컸다. 아무도 미리 닦아놓지 않은 길을 내가 만들어가고 있다는 나에 대한 응원의 마음도 있었다. **성공하고 성취하기 위해서는 자신을 믿는 확신이 중요하다.** 자신에 대한 믿음이 없는 사람이 끝점을 완성했다는 사례를 나는 들은 적이 없다.

원하는 것이 있는가? 그렇다면 구체적이고 명확하게 상상하라. 그 끝에 당신이 어떤 모습으로 서 있는지를 그려보라. 바쁘고 열심히 살아가는 중에도 당신이 그 모습을 잊어버리지 않고 계속 떠올릴 수 있다면 분명 어느 순간 그 끝점에 도달해 있을 것이다. 한 점 한 점 찍다 보면 당신이 그리던 끝점에 서 있을 것이다.

4장

자
세

✝

**나는 된다,
될 때까지 할 거니까**

성공하려면 반드시
필요한 인간관계 스킬

Q 엄마는 인간관계에서 가장 중요한 게 뭐라고 생각해?

A 인간관계에서는 단호하게 거절할 수 있는 용기가 필요해. 관계가 끊어진다는 두려움 때문에 후회하면서도 원치 않는 요구를 수락하는 경우가 많은데, 성공하기 위해선 '노'가 분명해야 해. 알았지?

삶에서 가치 있는 것들을 얻고 싶다면 선택과 집중을 해야한다. 선택과 집중을 하려면 덜 중요한 일에는 '노'라고 말할 수 있는 용기가 필요하다. 단순히 거절하는 게 미안하고 껄끄러워서 '예스'라고 한 뒤에 이불킥하며 후회한 적 있을 것이다. 나는 살아오면서 '예스'와 '노'가 분명하지 않은 사람이 부자가 된 경우를 한 번도 본 적이 없다.

어떤 일을 시작할지 말지, 누구를 만날지 안 만날지 등은 명확히 해야 한다. 나에게 주어진 시간과 에너지를 가장 중요하고 가치 있는 일에 집중해야 하기 때문이다. 인생에서 '노'라는 강력한 액션을 취할 수 있어야 삶을 주도적으로 관리하고 자신의 우선순위에 따라 행동할 수 있다.

나를 함부로 대하고 무례하게 구는 사람에게는 강력하게 '노'를 외쳐라. 그것이 자신에 대한 존중이다. 무리하고 난감한 요구에 마지못해 '예스'로 답하는 것은 자신의 시간과 감정을 스스로 무시하는 행동이다. 그런 요구에 우유부단한 모습을 보이면 '저 사람은 계속 찔러보면 해주는 사람'이라는 인식을 갖게 한다. 그러면 다음번에는 더 무리한 부탁을 요구받는 악순환이 이어진다.

건강한 관계는 서로가 넘지 말아야 할 선을 인정하고 존중하는 데서 시작한다. 상대가 선을 넘는다면 '노'라고 명확하게 이야기하라. 다만 단호하되 정중하게 거절하는 법을 연습하면 된다. 처음이 어렵지 하다 보면 익숙해진다.

나는 매일 주어진 시간을 최대한 효율적으로 활용하려고 노력한다. 긍정적인 에너지를 주는 사람에게는 시간을 할애하지만, 의미 없이 수다만 떠는 자리엔 잘 가지 않는다. 모임도 참석해야 하는 특별한 이유가 없거나 가고 싶은 마음이 안 들면 억지로 가지 않는다. 내 기준에 따라 시간과 감정을 컨트롤하다 보니 크게 후회한 적이 별로 없다.

특히 사업하면서 거래처와의 관계에서는 가격 문제, 납기 문제, 계약 조건, 납품 시 불량 기준 등 금전적인 부분에 대해서는 확실한 기준을 정하고, 선을 넘을 때는 단호하게 의사를 표현한다. 그렇지 않으면 일이 더 복잡해진다. **일과 인생이 심플해지려면 '예스'와 '노'만 확실히 해도 된다.** 그러면 혼자 이불킥하며 후회할 일이 생기지 않는다.

함부로 인연을 끊으면
안 되는 이유

Q 엄마는 인간관계를 유지하는 게 중요하다고 생각해?

A 나는 내 성공의 90퍼센트가 다른 사람들의 도움 덕분이었다고 생각해. 단기적인 이익만을 보고서 인연을 쉽게 맺고 끊으면 안 돼. 진심을 다하는 진정성 있는 관계는 사업은 물론 삶에도 긍정적인 영향을 미치거든. 알았지?

나는 사람과의 인연을 굉장히 중요하게 생각한다. 그래서 오래전 같이 일한 직원들과 아직도 연락하며 지내고, 30년 이상 이어진 인연도 많다. 지금도 우연히 인스타그램을 보고 그동안 소식이 궁금했는데 반갑다며 연락해오는 직원과 지인들이 있다.

나는 웬만하면 사람들과 손절하지 않고 적절한 거리를 유지하려고 노력한다. 물론 사기꾼은 예외다. 다만 모닥불처럼 너무 가까이 다가가면 화상을 입을 수 있어 사람마다 적당한 거리를 유지한다. 10미터, 50미터, 100미터 등 사람마다 유지하는 거리감은 모두 다르다.

인간관계는 이분법으로 나눌 수 없다. 쓸모 있는 사람 vs 쓸모없는 사람으로 구분할 수 없다. 그런 식으로 관계를 맺으면 주위에 남는 사람이 없다. 그런데 상대가 높은 위치에 있거나 잘나갈 때는 몰려들다가 반대 입장이 되면 바로 떠나버리는 경우가 있다. 그런 식으로 인간관계를 하면 언젠가 자신도 똑같은 방식으로 손절당하는 사람이 될 수 있음을 명심하자.

나는 살아가면서 만난 사람들을 나의 사외이사라고 생각한다. 그래서 업무적으로든 개인적으로든 한번 맺은 인연을 소중하게 여긴다. 덕분에 예상치 못한 도움을 받은 경우가 많았다. 아는 분 중에 중국에서 캐시미어를 수입하던 사장님이 계셨다. 그분 회사가 어려워져 문을 닫게 되자 연락하던 사람들이 많이 줄었다고 하셨다. 나는 특별한 일이 없어도 가끔 연락하면서 같이 식사하고 차를 마시며 인연을 이어나갔다.

세월이 지나 내가 이탈리아에서 많은 물량의 머플러를 수입하게 되었는데, 주로 대기업을 거래해오던 터라 소규모 거래처가 없어서 걱정하고 있었다. 그런데 그 사장님께서 나를 도와주고 싶다며 20년 넘게 거래하던 거래처 리스트를 이메일로 모두 넘겨주셨다. 그 일로 나는 큰 바이어를 만나고 많은 거래를 할 수 있었다.

IMF 시절에도 고마운 인연들이 있었다. 지인 중 한 분이 미국으로 이민을 가면서 그동안 고마웠다며 소개시켜 준 사람이 있었다. 소개받은 사람은 사업가 집안 출신의 홍콩인 TC WONG이었다. 그는 우리 회사를 통해 한국 기업의 비데를 홍콩에 수입했고, 현금으로 결제해주었다. 그의 도움으로 나는 한동안 비즈니스 자금에 많은 도움을 받았다.

다른 한 분은 강릉 출신의 여성 사업가로, 내가 존경하는 나의 멘토이기도 하다. 그분은 영동고속도로에서 몇 개의 휴게소를 운영하셨는데, IMF 때 내가 의류 수입 대금을 결제하지 못하고 쩔쩔매고 있을 때 선뜻 자금을 빌려주셨다. 당시엔 개인도 기업도 모두 어려운 상황이라 돈 빌리는 것을 꿈도 못 꾸는 상황이었는데, 지금 생각해도 너무나 감사한 일이다.

생각해보면 사람의 인연은 어떻게 흘러갈지 모른다. 때로 진정성 있는 관계는 예기지 않은 큰 선물로 돌아오기도 한다. 그래서 어떤 목적성과 의도를 배제하고 상대의 위치에 상관없이 인연을 이어가는 것은 굉장히 중요하다. 그런 경험을 통해 나는 한 사람과 인연을 맺으면 정말 오래가는 인연으로 만들어간다. "사람이 온다는 것은 실로 어마어마한 일이다. 한 사람의 일생이 오기 때문이다"라는 정현종 시인의 말을 항상 떠올린다. 옛말 틀린 게 하나도 없다. **사람이 답이다.**

99퍼센트 안 하는
성공자의 태도

Q 엄마, 첫 만남에서 좋은 인상을 남기려면 어떻게 해야 돼?

A 좋은 인맥은 좋은 첫인상부터 시작하는 거야. 누군가와 만
나고 헤어질 때 다시 만나고 싶은 사람이 돼야 해. 먼저 인사를
건네고 미소를 짓는 행동은 아주 간단하지만 깊은 인상을 남기
지. 나도 이런 간단한 방법들로 많은 도움을 받을 수 있었어. 알
았지?

풍부한 인적 네트워크는 그 자체로 훌륭한 자산이다. 나도 오랫동안 사업을 해오며 쌓은 인적 네트워크로 다양한 도움을 받았다. 그러려면 상대가 나를 만나고 헤어질 때면 '다시 만나고 싶은 사람'이라는 생각이 들어야 한다. 다시 말해 상대의 호감을 사는 법을 알아야 한다는 것이다. 상대가 '만나는 시간이 아깝지 않다', '같이 있으면 성장하는 느낌이 든다', '긍정적이다', '열정이 넘친다', '친절하다', '신뢰 가는 사람이다' 등의 인상을 받아야 한다.

그런데 모임에 가보면 이상한 점이 있다. 사업가들은 그나마 적극적이고 열린 사고를 가진 집단이라고 생각하는데, 50여 명 넘는 사람 중에 먼저 인사를 건네는 사람이 없다. 사소해 보이지만 아주 중요한 문제다.

나는 상대가 누구든 상관없이 항상 먼저 다가가 인사를 나눈다. 예를 들어 "지난 모임 때 몸이 안 좋다고 하셨던 것 같은데 지금은 괜찮으세요?"와 같이 안부를 묻는다. 그러면 대부분의 사람들은 자신에게 관심을 가져준 데 대해 굉장히 고마워한다. 이처럼 관심을 갖는 사소한 행동만으로도 상대의 호감을 살 수 있는데도 거의 안 한다.

내 경우 계산된 게 아니라 자연스럽게 우러나오는 행동이다. 누군가를 만나면 먼저 미소를 지으며 인사한다. 대

244

화할 때도 살짝 미소를 띤다. 정말 간단하게 경계심을 누그러뜨리는 방법인데 이렇게 하는 사람이 의외로 없다. 그러니까 차별화가 된다. 이런 나의 태도 덕분인지 어떤 자리에서 누구를 만나도 금방 친해지고 긍정적인 교류를 이어간다.

재테크 공부를 하면서 자산가들과 수업을 들은 적이 있었다. 돈도 많고 사업으로 성공한 사람들이라 특별히 더 많은 사람을 사귀는 데 관심이 없는 분들이었다. 그런데 우연히 우리 집으로 몇 분을 초대한 것을 계기로 친교 모임이 만들어졌고, 가끔 만나며 도움을 받았다.

그중의 한 예로 내가 보유한 건물을 매각하는 건으로 여러 세무사들을 만나던 중에 유명한 양도세 전문 세무사를 소개받았다. 그 세무사는 며칠 검토하더니 세금이 30억 원 넘게 나온다며 증거 자료를 보내주었다. (다른 세무사들은 10억 원 정도라고 했다.) 그 사실을 모른 채 건물을 매도했다면 엄청난 세금 폭탄을 맞을 뻔했다.

좋은 인맥은 내가 높은 위치에 있다고 반드시 만날 수 있는 것이 아니다. 상대가 함께 하고 싶은 사람이 되어야 한다. 자기 스스로 좋은 인맥이 되어야 한다는 뜻이다. 그러려면 스스로 다시 만나고 싶은 사람이 되자.

대부분 모르는
성과를 내는 노하우

Q 엄마는 새롭게 도전할 때 어떻게 성과를 만들었어?

A 성과를 내려면 먼저 목표를 최대한 잘게 쪼개야 해. 그리고 실수를 두려워하지 말고 그냥 시작해야지. 잘게 쪼갠 목표는 매일 끈기 있게 실행하고. 중요한 건 끈기를 지속적으로 유지하는 방법을 아는 거야. 알았지?

끈기는 중요하다. '열심히 살아라'와 같은 흔하고 뻔한 말처럼 들린다는 것도 알고 있다. 하지만 베스트셀러 《그릿grit》에서도 똑똑함이나 재능이 아니라 목표를 향해 끈기 있게 매진하는 능력인 그릿이야말로 성공의 결정적인 요인이라고 강조했다. 나는 그 말에 적극 동의한다.

자전거를 타보면 처음에는 힘주어 페달을 밟아야 나아가지만, 일단 속도가 붙으면 비교적 적은 힘으로도 속도를 유지할 수 있다. 일도 비슷하다. 일을 시작할 때 초반에 농축된 노력을 기울이면 이후에는 성과를 유지할 수 있다. 그 과정에서 가장 기본이 되는 자세가 끈기이고 꾸준함이다.

2022년 겨울, 나는 1일 1라방에 도전해 머플러를 판매해봐야겠다고 결심했다. 혼자서는 라이브 방송을 해본 적 없었지만, 한번은 도전해볼 만한 가치가 있는 일이라고 생각했다. 내 지인들은 일주일에 한 번 하는 것도 힘든 라이브 방송을 매일 하는 건 과하다고 만류했다. 하지만 **누구나 처음 시도하는 일이 있고, 그것이 시도하지 않을 이유는 되지 않았다.**

처음 라이브 방송을 켰을 때 솔직히 순간 아찔했다. 버벅거리는 것은 물론 실수 연발에 곤란한 상황이 계속 발생했다. 당황스러웠지만 시청자들에게 그런 내 마음을 솔직히 이야기했다. 그리고 오늘은 머플러 판매 말고 대화나 하자고 말했다. 그렇게 아무것도 팔지 않고 라이브 방송을 끝냈다.

다른 사람들이라면 '역시 나에겐 아직 라이브 방송이 무리구나' 하고 거기서 멈췄을지 모른다. 하지만 나는 다음 날 다시 라이브 방송을 켰다. 역시 실수도 있었지만 첫날보다는 나아졌고, 이후 40일 동안 나는 매일 1일 1라방을 이어나갔다. 여기서 포인트는 매일 꾸준히 했다는 것이다. 그랬더니 내가 예상했던 것보다 많은 매출이 발생했다. 내가 라방을 하지 않았다면 발생하지 않았을 매출이었다.

지금 인스타그램에 올리는 콘텐츠도 동일한 방법으로 하고 있다. 매일 기획하고, 촬영하고, 편집하는 것은 결코 쉬운 일이 아니다. 그래도 그릿의 힘을 믿고 계속 해나가고 있다. 남들이 실행하지 못하는 일을 내가 해낸다면 기회는 나에게 올 것임을 알기 때문이다. 실제로 하루에 2개의 릴스를 올리던 기간에는 팔로워 수도 급속도로 늘었다. (아이러니하게도 하루에 릴스를 2개씩 업데이트하다가 1개로 줄이니 상대적으로 편하다고 느껴졌다.)

한정된 기회를 자신의 것으로 만들려면 배트를 많이

휘둘러야 한다. 공을 칠 수 있는 기회를 많이 만들어라. 무언가를 꾸준히 하는 데서 기회가 생기고 희망도 보인다.

강한 멘탈을
만드는 생각

Q 엄마는 사업에 위기가 닥쳤을 때 어떻게 대처했어?

A 나도 사업하면서 사기도 당해보고 많은 위기가 있었어. 사업을 하려면 단단한 멘탈을 갖추는 게 정말 중요해. 그래서 '죽고 사는 문제가 아니면 큰 문제는 아니다'라고 생각하기로 했어. 그런 마인드로 단련하니까 어떤 문제가 생겨도 전보다 침착하게 해결할 수 있었어. 알았지?

인생의 문제는 파도처럼 몰려온다. 흔들리지 않는 삶이란 없다. 작은 파도에 놀라 불안하고 힘들어한다면 허리케인이 닥쳐왔을 땐 더욱 어려울 것이다. 성공과 더불어 질적인 삶을 위해서는 정신을 다잡는 것이 매우 큰 부분을 차지한다.

나 또한 사업을 하면서 힘들고 우울할 때가 많았다. 거액의 물건을 납품했다가 바이어가 고의로 부도를 내서 4억 원어치의 대금을 못 받는가 하면, 이탈리아에 명품 재고가 있다는 이야기를 듣고 바로 수천만 원의 계약금을 보냈다가 사기를 당한 적도 있다. 고생고생해서 어렵게 일군 자산을 사기로 날려버리는 심정은 말로 다 할 수 없다. 그럴 때마다 울고만 있기엔 마음 저 구석에서 억울함이 솟구쳐 올라 더 이를 악물고 밑바닥에서 다시 시작하곤 했다.

외로워도 슬퍼도 다시 일어나는 캔디처럼 회복탄력성을 갖기 위해서는 올바른 마인드를 갖춰야 한다. 사람이 죽고 사는 문제가 아니라면 시련이 몰아쳐도 흘려보낼 수 있어야 한다. 문제를 직면했을 당시에는 세상에 일어날 것 같지 않은 어마무시한 일처럼 느껴지지만, 막상 지나고 나면 어떻게든 해결되지 않는 문제는 없기 때문이다. 그러기에 더더욱 매 순간 마음의 여유를 갖는 노력이 필요하다.

사업을 하다 보면 정말이지 생각지도 못한 별의별 일

이 다 생긴다. 그런 **사소한 문제가 생길 때마다 예민해지고 영향을 받는다면 사업을 제대로 운영할 수 없다.** 웬만한 문제나 타인과의 관계에서도 화내지 않고 무시할 수 있는 이유는 그런 것들이 살아가는 데 크게 중요하지 않기 때문이다. 사람이 살고 죽는 문제가 아니라면 크게 신경 쓰지 말자. 나머지는 자신의 능력으로 전부 대처할 수 있다.

아이에게 꼭
가르쳐야 하는 공부

Q 엄마, 부자들은 자식들을 어떻게 가르치고 있어?

A 내가 만나본 부자들은 자식들이 어릴 때부터 경제 교육을
철저하게 시키더라. 돈을 벌기 전에 돈 그릇을 키우는 경제 교육
을 가장 중요하게 여겼어. 미리 돈 그릇을 크게 키우지 않으면
나중에 많은 돈을 벌어도 담을 수가 없어서 옆으로 다 흘러내리
기 때문이지. 돈을 버는 능력과 관리하는 능력은 별개라는 뜻이
야. 알았지?

부자도 부자에게 배운다.

나는 40여 년 동안 사업을 하면서 정말 열심히 살아 왔다고 자부한다. 지금도 어느 정도의 부를 일구었지만 아주 큰 부자가 되지는 못했다고 생각한다. 사업을 하면서 벌어둔 돈을 모두 잃을 뻔한 적도 있었지만, 내가 손댄 사업은 대부분 성공했다. 하지만 나는 미래를 위한 안전장치를 제대로 마련하지 못했다.

예전에 연예인들도 한창 잘나갈 때 큰돈을 벌면 안전장치를 마련하기 위해 다른 사업을 시작하는 경우들이 있었다. 사업에 실패한 사람들도 있었지만, 요즘은 현명하게 사업을 이끌어가는 이들도 꽤 많다. 기업들의 경우도 마찬가지다. 회사가 안정화되면 연 매출에만 목매기보다 부동산 투자나 사업 이외에 투자를 하면서 자산을 축적한다.

내가 알고 있는 부자들은 사업을 통해 부를 이루기도 했지만, 다른 안전장치나 파이프라인을 마련해 그 자리에 갈 수 있었다. 그 길을 알고 있기에 자녀들의 경제 교육에 진심이고, 기본적으로 투자에 대해 미리 가르치고 있다. 평소 대화를 하면서 부모의 사업에 관해 자연스레 이야기를 나누고, 세금, 부동산, 법, 정치 등에 관한 지식은 전문가를 만날 때 동행하며 배우게 한다. (법에 관한 부분에서는 특히 계약에 관한 개념을 강조한다.)

경제 교육 못지않게 예술적인 감수성도 중요하게 생각한다. 그림이나 악기 연주를 가르치고, 안목을 기르기 위해 미술관이나 음악회를 자주 다닌다. 외국 여행을 가서도 쇼핑보다는 갤러리 투어나 클래식 콘서트에 가는 것도 보았다.

경제가 성장하는 시기에는 공부만 잘해도 좋은 직장에 취업할 수 있었다. 하지만 저성장 시대에 아이들의 스펙은 점점 높아지고, 경쟁은 더 치열해졌으며, 미래는 점점 더 불투명해지고 있다. 20년 동안 책 속에 파묻혀 공부했지만 사회에 나와보면 본인의 의지와 무관하게 발생하는 문제들이 너무나 많다. 내가 경험한 부자들의 자녀교육은 이런 문제에 대비한 자생력과 문제해결능력을 높이는 교육이었다. 나 역시 아들에게 주식과 부동산 등 다양한 경제 공부를 권하는 이유가 바로 이 때문이다.

그런데도 학교에서는 아직도 경제 교육을 그리 중요시하지 않는 분위기다. 학교에서 가르치지 않는다면 부모라도 알려주어야 한다. **경제와 재테크에 관한 교육은 나쁜 것도 아니고 정상적이고 지혜로운 공부다.** 아이가 돈에 관심을 갖는다면 "아직 몰라도 돼"라고 하지 말고 돈의 역할에 대해 알려주는 것부터 시작하면 된다.

성공한 부자들만이
가진 마인드

Q 엄마, 성공한 부자들이 갖고 있는 공통점이 있어?

A 부자가 된 사람들은 시간을 소중하게 생각하고, 관계에 대한 기준도 명확해. 시간을 아끼기 위해 자기보다 뛰어난 사람을 레버리지 하고, 무례한 사람에게 휘둘리지 않으려고 노력하지. 대신에 새로운 사람을 만나면 항상 경청하고 배우려는 자세가 되어 있어. 그건 마인드가 열려 있기 때문이야. 알았지?

성공한 부자들을 만나보면 공통점이 있다. 그들에게 시간은 중요한 자산이다. 그래서 모르는 것이 있으면 머뭇거리며 시간을 낭비하지 않고 전문가를 찾아 물어본다. 다른 사람을 레버리지 하면서 시간을 아끼는 것이다.

이건 나도 잘하는 일이다. 자동차를 타고 가거나 낯선 곳을 찾아갈 때 나는 사람들에게 잘 물어보는 편이다. 어설프게 감에 의존하기보다 모르면 물어보는 것이 시행착오를 줄이고 시간을 아끼는 방법이다. 전문가적인 조언이 필요한 경우에는 전화기를 들고 내가 완벽히 이해할 때까지 끈질기게 물어본다. 대신 상대가 내 도움이 필요할 때 기꺼이 도와주는 것으로 보답한다.

또 부자들은 대부분 밥을 사주는 사람이다. 경제적으로 여유롭기 때문만은 아니다. 그들은 신세를 지고 싶지 않기 때문이다. 자기보다 뛰어난 사람을 만나 도움을 주고받는 것과 달리 부자에게는 일방적으로 부탁을 하는 사람도 많다. 자기가 필요할 때만 연락하고 도움을 청하는 사람과는 거리를 두는 것이다. 그렇다고 평소 기버giver의 마인드를 실천하는 이들을 오해하지 않아야 한다.

성공한 부자들은 상대의 장점을 찾아내는 능력도 탁월하다. 그들은 새로운 사람을 만났을 때 상대의 장점을 발견하고 거기에 집중해 그 능력을 발휘할 수 있도록 돕는다. 사람을 알아보는 혜안이 있고, 동기부여를 해주는 에너지도 있다는 뜻이다.

나 역시 새로운 사람을 만나면 상대가 잘하는 것이 무엇인지 물어보거나 스스로 장점을 찾아내기 위해 그를 눈여겨본다. 새로운 것에 호기심이 많고 성장 욕구가 강한 나는 다양한 분야의 사람들과 소통하며 지내고 있다. 그런 내가 유독 좋아하는 사람이 있다. 한 가지라도 배울 점이 있는 사람이다. 모든 사람에게는 그 사람만이 가진 장점이 하나쯤은 분명 있다고 믿는다. 그렇기에 그 장점을 발견해 칭찬하고 배우고 싶어 한다.

내가 상대의 장점을 일깨워 주는 사람이다 보니 한번 맺은 인연은 상대가 손을 놓지 않는 한 오래도록 이어진다. 그 인연이 나에게는 큰 자산이 되어 어려운 일이 생기면 조건 없는 도움을 건넨다. 40여 년 동안 사업을 하며 열심히 살아온 내 모습을 보았기 때문에 가능한 일이다.

내가 바둑을 두는 사람 중에 기술도 없이 막 두는 것처럼 보이는 사람이 있다. 나중에 결과를 보면 그 사람이 이기는 경우가 많다. 고수의 수는 하수들의 얕은 안목으로는 읽히지 않는다. 무념무상처럼 두는 것 같지만, 고수는 이미 판을 다 읽고 이기는 게임을 한다.

바둑의 고수처럼 나 역시 사업을 하면서 거의 이기는 게임만 플레이해왔다. 그 과정에서 가장 중요한 것은 조급하게 서두르지 않는 마음이다. 그 시장의 판이 어떻게 돌아가는지 관찰하면서 기다려야 한다. 이후 실행할 방향이 결정되고 타이밍이 오면 모든 에너지를 전력으로 집중해야 한다.

부자가 되기 위한 과정은 오래달리기가 될 수밖에 없다. 초반부터 스퍼트를 내기보다는 몸풀기 정도로 에너지를 축적하는 구간이 있고, 속력을 높여 가속도를 높여야 하는 클라이맥스도 있다. 에너지를 아껴두어야 할 때와 쏟아부어야 할 때를 구분해야 한다. 중요한 것은 경기의 흐름을 읽을 수 있어야 한다는 사실이다.

사업소득을
몇 배로 늘리는 법

Q 엄마, 성공한 사업가들이 가장 중요하게 생각하는 게 뭐
  야?

A 체력이지. 지금보다 2배 더 벌고 싶다면 체력부터 2배로 키워
야 해. 그리고 에너지를 가장 중요한 곳에 집중해야 돼. 에너지를
여러 군데로 분산시키면 한 가지도 성공하기 힘들어. 알았지?

사람의 역량은 어떤 일을 하든 자기 체력을 넘어설 수 없다. 돈도 마찬가지다. 딱 자기 체력만큼 번다.

그렇다면 성공하는 사람의 엄청난 열정은 어디에서 나오는 걸까? 당연히 체력이라는 대답밖에 해줄 게 없다. 남들보다 2배 더 벌려면 2배의 노력이 필요하고, 10배의 수익을 원한다면 10배의 노력을 투입해야 한다. 4시간밖에 일할 체력이 없는 사람이 갑자기 8시간을 일하는 것은 불가능하다. 몸이 피곤하면 노력은 고사하고 만사가 귀찮아지기 때문이다. 피곤하면 일을 대충 하게 되고, 그 대충이 반복되면 <u>스스로 도태되고 만다.</u>

나는 어릴 때부터 체력이 약해서 일하는 데 제약이 많았다. 1년에 몇 번씩 유럽으로 출장을 다녀야 했는데, 그때마다 수십 군데의 공장을 돌아다녀야 했다. 공장 방문 약속을 시간대별로 잡아놓고도 떠나기 한 달 전부터 걱정되어 몸이 아프기 시작했다. 현지에서 너무 아파서 몇 번이나 약속을 변경한 적도 있었다.

낮에 이곳저곳 뛰어다니다 보니 거래처가 초대하는 저녁 식사는 부담스럽기까지 했다. 지금까지도 가장 아쉬운 부분이 있다면 체력이 약해서 더 큰 일을 하지 못했다는 것이다. 이처럼 성공하는 데 있어 체력이 얼마나 중요한지는 나 역시 너무나 잘 알고 있는 부분이다.

그렇다면 체력은 어떻게 키울 수 있을까? 내가 그나마 버틸 수 있었던 이유는 절제하는 태도 덕분이었다. 나는 체력은 '절제'에서 시작된다고 믿고 있다. 잘 놀면서도 잘 벌 수 있다면 얼마나 좋겠냐마는 우리가 쓸 수 있는 에너지는 한정되어 있다. 늦게까지 놀고 마시며 에너지를 탕진하면 정작 필요할 때 에너지를 쓸 수 없다. **절제하면서 에너지를 아껴야 체력이 만들어진다.**

여성경제인협회에서 활동할 당시 나는 회원들 중에서 유일하게 술과 골프를 하지 않는 사람이었다. 다른 사람들이 밤늦도록 어울릴 때 나는 모임에 참석한 적이 많지 않았다. 그런 자리가 인맥 관리이자 사교 모임이라고 말하는 이들도 있었지만, 그것이 내 사업에 영향을 준 적은 거의 없었다. 나는 스스로 체력이 약한 것을 알았고, 절제를 통해 아껴둔 체력을 가장 중요한 내 사업에 집중했다. 그것이 나의 에너지 관리 방법이었다.

체력이 준비되었다면 당신이 해야 할 일은 한 가지 일에 뾰족하게 집중하는 것이다. 시간은 누구에게나 24시간 공평하게 주어진다. 그것을 어디에 어떻게 사용하느냐에 따라 결과치는 확연히 달라진다.

만약 사업으로 성공하고 싶다면 초점을 '사업'에 맞춰라. 사업과 상관없는 공부나 만남은 자제할 줄 알아야 한다. 한 가지 일에 몰입하고 전념해도 성공을 보장하기 힘든데, 에너지를 분산시키며 모든 것을 다 하려고 한다면 결과는 뻔하다. 당신이 이루려고 하는 목표 지점이 있다면 거기에 도달할 때까지는 참고 절제하는 인내가 꼭 필요하다.

사업하며 불안하고
힘들 때

Q 엄마, 사업하면서 힘들고 불안할 때 어떻게 극복했어?

A 나는 항상 나 자신에게 자기 암시를 하고 있어. 나는 무슨 일
이든 할 수 있다! 기필코 하겠다! 꼭 해내고야 말겠다! 내가 항상
반복하는 말이야. 사업에서 가장 중요한 건 자기신뢰야. 알았지?

사업하는 사람들은 누구나 불안감을 느낀다. 처음 시작하는 사람이든 잘하고 있는 사람이든 불안한 마음은 똑같다. 나 역시 마찬가지다. 그럴 때 나는 긍정확언의 도움을 받는다. 반복적인 긍정확언은 '나는 할 수 있다!'라는 강한 믿음을 심어준다. **나는 자신에 대한 믿음이 사업가에게 가장 중요한 덕목이라고 생각한다.**

내 지인 중에서 100억 원대 규모의 박스 회사를 경영하는 60대 사장님이 계신데, 이분이 매일 실천하는 습관이 하나 있다. 자신의 목표를 매일 100번 반복해서 쓰는 것이다. 한번은 사업가들끼리 버스를 타고 여행을 간 적이 있었다. 그런데 이 사장님이 버스 안에서 노트를 꺼내 '나는 할 수 있다'라는 문장을 열중해서 쓰는 모습을 보았다. 하루도 빠짐없이 자신의 목표를 쓰는 그분의 자세를 보며 느끼는 바가 많았다.

우리가 원하는 길을 가지 못하는 이유는 외부의 문제가 아니다. 자신과의 싸움에서 졌기 때문이다. 나는 2022년 한 해 동안 인스타그램 팔로워 1만2,000명을 달성했지만, 이후 1년 동안 그대로 머물러 있었다. 그러다가 2023년 10월 30일부터 콘텐츠를 바꾸었더니 3주 만에 8만 명의 팔로워가 늘었다. 하루에 4,000명씩 팔로워가 늘어난 셈이다.

콘텐츠를 바꾸자마자 팔로워가 늘어나는 속도를 체감한 나는 목표를 세웠다. '11월 30일까지 팔로워 10만 명 달성'이었다. 목표를 세우자마자 나는 집안 곳곳에 목표를 적은 종이를 써서 붙여두었다. 심지어 화장실 문 앞에도 붙였다. 그리고 목표에 몰입해 모든 에너지를 양질의 콘텐츠를 만드는 데 초집중했고, 11월 30일까지 팔로워 10만 명 달성의 목표를 이루었다.

결국 의지의 문제다. 사업을 하면서 혹은 목표를 세워 이루겠다고 다짐해도 힘들고 불안한 건 당연하다. 하지만 '꼭 해내고야 말겠다'라는 의지를 갖고 자기 확언을 해보라. 당신은 충분히 할 수 있다.

위기는 또 다른 기회를
줄 수 있다

Q 엄마는 위기가 왔을 때 어떻게 해결했어?

A 위기는 또 다른 기회가 될 수가 있어. 길이 없으면 또 다른 샛길로 가면 되거든. IMF 때 환율 폭등으로 부도가 날 뻔했는데, 이탈리아의 브랜드 라이센스를 받아 국내 홈쇼핑에서 판매하는 또 다른 샛길로 가봤어. 그랬더니 더 많은 돈을 벌었어. 위기는 곧 기회가 될 수 있어. 알았지?

1997년 우리나라에 IMF가 터졌다. 나라가 외환위기에 처했으니 기업들도 난리가 아니었다. 수입업계는 2배 이상 폭등한 환율 때문에 수많은 업체들이 도산했다. 무역업을 하고 있던 나 역시 IMF의 여파를 피해 갈 수 없었다. 수십 년 동안 고생하며 이룬 것들이 한순간에 날아가는 순간이었다. 하지만 그대로 길바닥에 나앉을 수는 없었다.

나는 어려운 일이 생기면 사람 속에서 답을 찾는데, 당시 하루에 4번 밥을 먹었다. 배가 고파서가 아니었다. 하루에 4번 다른 사람을 만났다는 뜻이다. 당시 우리 회사는 무역센터에 위치해 있었는데, 인터컨티넨탈 호텔이 근처에 있었다. 그 호텔은 외국인 손님들도 많았기에 새벽 6시부터 조식 서비스가 시작되었다.

나는 오전 6시부터 오전 9시, 오후 1시, 그리고 저녁까지 매번 다른 사람과 식사를 했다. 같은 업종에서 일하는 사람도 만나지만, 유통업에 종사하는 사람들과 대화하다 보면 다양한 아이디어를 얻을 수 있었다. 그중 하나가 국내 홈쇼핑이었다.

지금은 홈쇼핑 입점이 상당히 까다롭다. 하지만 당시만 해도 홈쇼핑 초창기라 샘플만으로도 방송이 가능했다 (사실 이건 굉장히 위험하다). 1998년 우리나라의 TV홈쇼핑은

39번과 45번 두 개의 채널만 있었는데, 소개를 받아 한쪽은 티셔츠만 다른 한쪽은 니트만 소개했다. 제품을 한쪽 채널로 몰아주지 않은 이유는 홈쇼핑 간의 경쟁이 있어야지 내가 컨트롤 가능하기 때문이었다.

제품은 인지도 있는 이탈리아 브랜드의 라이센스를 달고 있어서 인기가 많았고, 결국 내 의도대로 두 채널에서는 모든 아이템을 몰아달라고 나를 독촉했다. 홈쇼핑 판매는 시작하자마자 터졌고, 방송 한번으로 억 단위의 판매가 일어났다. 이후 나는 〈한경 비즈니스〉 잡지에 'IMF를 극복한 사람들'이라는 기사로 소개되었다.

IMF는 당시 모든 이들에게 재앙이자 위기였다. 하지만 나는 위기의 순간에도 또 다른 길이 있다고 생각했고, 돌파구를 찾기 위해 미친 듯이 뛰어다녔다. 그 결과 IMF로 인한 부도의 위기가 나에겐 기회로 작용했다. 분명 운도 작용했지만, 운이란 녀석도 준비된 사람에게 찾아오는 것임을 우리는 너무나 잘 알고 있다.

최근 코로나 팬데믹도 나에겐 위기이자 기회였다. 코로나로 온라인 쇼핑 수요가 늘어나자 오프라인 가게들이 줄줄이 폐업했다. 나에게도 오프라인에서 도소매를 하는 거래처가 있었고, 매출은 감소할 수밖에 없었다. 그러다가 온라인 쇼핑몰에 도매를 줄 바에 내가 직접 온라인에서 팔아보면 어떨까 하는 생각이 들었다. 그래서 스마트스토어를 오픈하고 디지털 세상에 유입하게 되었다.

처음 스마트스토어를 개설하고 인스타그램 릴스를 만들면서는 많은 업무를 아웃소싱으로 처리했다. 운 좋게도 코로나 시기에는 취업 시장이 꽁꽁 얼어 있어서 실력 있는 인재들이 많이 있었다. 나는 적은 비용으로 그들의 도움을 받았고, 빠르게 온라인 판매를 시작할 수 있었다. 코로나라는 위기가 나에게 또 다른 기회가 된 셈이다.

금리 인상과 인플레이션으로 개인도 자영업자도 모두 어려운 시기다. 하지만 **길은 하나만 있지 않다.** 걸어온 길이 막혔다면 또 다른 샛길로 가면 된다. 멈추지 말고 계속 가보자.

세상은
문밖에 있다

Q 엄마, 해외 경험이 창업에 도움이 된다고 생각해?

A 1,000퍼센트! 세상은 문밖에 있어. 내가 고향인 강릉에서 옷
장사를 했다면, 거기에서 서울에 오지 않았다면, 서울에서 유럽
을 가지 않았다면 지금의 내가 있을까? 없어. 문화적으로 배울
게 있는 나라를 다니면서 풍부한 경험을 하다 보면 한국에 돌아
왔을 때 할 수 있는 일을 찾아낼 수 있어. 알았지?

사업을 하면서 나는 자주 외국을 다녔다. 그러면서 다양한 문화와 아이디어를 접했고, 자연스럽게 내 안에 스며든 글로벌 마인드는 사업에 큰 도움이 되었다. 다양한 문화를 경험하는 것이 왜 중요한지도 확실히 알게 되었다.

기회가 된다면 여러 나라를 돌아다니며 각 나라의 재래시장이나 쇼핑몰을 가보자. 휴식을 위한 여행도 좋지만, 사업 아이디어를 얻고 싶은 사람이라면 추천하는 방법이다.

20대 후반에 나는 처음으로 일본을 간 적이 있었다. 일본은 어느 가게를 가도 '고객 중심 서비스'를 지향하고 있었다. 한국에서는 한 번도 경험하지 못한 것이었다. 한국으로 돌아온 나는 이 방법을 실천해봐야겠다고 생각했다. 말 그대로 새로운 문화의 발견이자 접목이었다.

당시 나는 명동에서 작은 가게를 하고 있었는데, 일본에서 배운 대로 가게를 찾는 손님들 입장이 되어 작은 부분까지 세세하게 신경 쓰며 친절히 응대했다. 그러자 곧 손님들에게 '명동에서 가장 친절한 가게'라는 평을 듣기 시작했다. 그때만 해도 명동에서 옷 장사를 하는 분들 중에는 불친절하고 인사성 없는 사람들도 꽤 있었기 때문이다. 나는 일본에서 배운 서비스 정신 하나로 큰 차별화를 갖게 되었고, 매출까지 높일 수 있었다.

이런 적도 있었다. 비즈니스 업무차 홍콩으로 자주 다닐 때였다. 하루는 고급 음식점을 방문했는데, 테이블에 서양 난이 아름답게 꽂혀 있었다. 그때까지 우리나라는 서양 난이 수입되지 않던 시절이라 처음 보는 색감과 꽃의 모양에 상당한 매력을 느꼈다.

무역업을 하던 나는 새로운 물건을 보면 항상 '저걸 수입해 한국에 팔면 좋겠다'라고 생각하는 직업병이 있다. 홍콩에서 처음 서양 난을 보고도 그 생각이 들었고, 한국에 돌아와서 알아보니 식물류는 병충해 검역으로 수입 조건이 까다로운 품목이라는 이야기까지만 들었다. '나중에 더 알아봐야지' 했는데 패션 무역업으로 너무 바빠 아쉽게도 시도하지 못했다.

그런데 언젠가부터 우리나라에 서양 난이 수입되기 시작하더니 지금은 어마어마한 양이 수입되고 있다. 내가 실행하지 않았기에 누군가가 먼저 한 것이다. 역시 사업은 실행하는 자의 몫임을 다시 한 번 깨달았다.

우리는 지금 국경 없는 시대에 살고 있다. 그만큼 글로벌 마인드를 장착하는 것은 어느 때보다 중요하다. 단순히 언어를 잘하는 것이 아니라 어느 나라에 가서든 그들과 친해지고, 그들의 문화를 받아들일 수 있는 오픈 마인드를 말하는 것이다. 어쩌면 머지않은 시대에 미래 세대는 전 세계적으로 출퇴근을 하게 될지도 모른다. 우리나라 기업들은 이미 전 세계 기업들과 경쟁하고 있고, 구글이나 픽사 등 글로벌 기업에 한국인들이 취업한 사례도 늘어나고 있다. 아마존에서 대박 난 호미만 봐도 우리가 지금 만들어가는 사업 아이템이 어떻게 발전할지 알 수 없다.

내가 살면서 가장 잘했다고 손에 꼽는 선택은 '땡큐'라는 한 마디만 믿고 무역인의 삶을 시작한 것이다. 우리나라와 다른 문화도 충분히 수용할 수 있다는 너른 포용력으로, 어느 나라에서든 배울 게 있다는 마음으로 나는 세계 곳곳을 다니고 있다. 그러면서 젊은이들을 만나면 한국에만 있지 말고 무조건 해외로 나가보라고 강조한다.

지금 당장 돈이 없어도 된다. 미국, 유럽, 일본, 동남아 등 한인 게스트하우스에서 아르바이트를 하더라도 낯선 곳에서의 시간을 살아보라고 권한다. 우리 아들에게도 항상 외국어 공부를 강조하는데, 한 나라의 언어를 배우면 그들의 문화를 이해하는 데 도움이 되기 때문이다. 내가 인생에서 경험한 이 소중하고 행복한 삶의 여정을 아들도 경험하길 진심으로 바란다.

일단 떠나라.

세상은 문밖에 있다.

닥치고 티켓팅 하라!

행운은 준비된 자의
몫이다

Q 엄마, 사업이 성공하려면 운이 중요하다고 생각해?

A 운은 중요하지. 하지만 똑같은 운이 찾아와도 누구에게나 해당되는 건 아니야. 운은 예고하지 않고 갑자기 찾아오는데 평소에 준비된 사람만이 그 운을 잡을 수가 있어. 찾아온 운을 당장 낚아채기 위해선 다양한 경험을 통해 시장 돌아가는 판을 알고 있어야 해. 그래야만 내가 이길 수 있는 판인지 판단할 수 있어. 알았지?

사람들은 평생 운이 3번 정도 온다고 말한다. 하지만 **내가 60여 년을 살아보니 운은 평생에 걸쳐 찾아오는 것 같다.** 다만 중요한 사실은 평소 준비된 사람만이 자신에게 찾아온 기회를 잡을 수 있다는 것이다.

사업하는 동안 나에게도 여러 번의 기회가 찾아왔다. 모두가 잘 아는 '폴로POLO'가 한국에서 부도난 적이 있었다. 한국에서 폴로 라이센스를 진행하던 회사의 세컨드 브랜드 '다니엘 에스테'의 사업 부진이 폴로 브랜드까지 영향을 미쳤던 것이다. 사람들은 남의 집에 불난 구경하듯 손 놓고 있었지만, 나는 순간적으로 큰돈을 벌 수 있는 기회가 왔다는 직감이 들었다.

나는 먼저 이곳저곳에서 수억 원의 현금을 마련했다. 그다음 장안동 근처에 있던 폴로 하청 공장을 전부 찾아내 생산이 중단된 제품들을 돈을 주며 완성시켰다. 주문한 회사가 부도난 상황에서는 임가공비를 줄 수 없기 때문에 이런 제품들은 주인 없는 물건이 되어버린다. 한마디로 수억 원 상당의 폴로 제품들이 쌓여 있는 상황에서 나는 그 재고들을 전부 사들여 창고에 보관했다.

남들이 보기에는 부도난 회사의 제품을 사들이는 게 무모해 보였을 것이다. 하지만 내가 그렇게 한 데는 이유가 있었다. 폴로는 지금까지도 전 세계 사람들이 선호하는 하이캐주얼 브랜드로, 미국 본사가 부도나지 않았으니 문제 될 게 전혀 없다고 판단했다.

역시 내 판단이 옳았다. 얼마 뒤 대형 백화점에 단 2퍼센트의 파격적인 판매 수수료만 지불하는 조건으로 백화점 한 층을 전부 행사장으로 만들어 재고를 판매했다. 팁을 하나 말하자면 일반적으로 백화점의 판매 수수료는 25~40퍼센트 선이다. 그런데 나는 유례없이 2퍼센트의 판매 수수료라는 특별 혜택을 받고 행사를 진행했다. 그게 가능했던 이유는 다른 백화점과 경쟁을 붙였기 때문이다. 그 조건이 아니면 다른 백화점과 진행하겠다고 이야기했던 것이다.

이런 방법이 무조건, 그리고 항상 통하는 것은 아니다. 다만 당시에 나는 인지도 있는 폴로 브랜드의 많은 제품을 보유하고 있었기 때문에 가능했다. 백화점은 손님을 유인할 이벤트가 필요한데 내가 제안한 이벤트는 흔하지 않은 아이템이었다. 이벤트가 시작되자 행사장은 서울 시민들이 전부 찾아온 것마냥 아수라장이었고, 당시 기준으로 하루만에 2억 원이라는 매출이 발생했다. 생각의 전환으로 나에게 찾아온 큰 행운이었다.

행운은 앞으로도 계속 나를 찾아올 것이다. 그 행운

을 나만이 발견하고 잡을 수 있다고 믿기 때문이다. 행운은 하늘에서 뚝 떨어지는 것이 아니다. 기회를 잡기 위해 준비해온 경험치와 감각으로 얻어낼 수 있다. 사람들은 이제 나에게 은퇴할 때가 되지 않느냐고 묻는다. 하지만 나에게 은퇴란 없다. 나는 나에게 찾아올 행운을 잡기 위해 오늘도 부단히 노력할 뿐이다.

좋은 일과 나쁜 일은
항상 같이 온다

Q 엄마, 사업할 때는 어떤 마음가짐이 필요할까?

A 사업을 하다 보면 좋은 일 뒤에 안 좋은 일이 따라오는 경우
가 있어. 부동산도 올랐다 싶으면 떨어지고, 주식도 업 앤 다운
이 항상 있잖아. 좋은 일만 계속 있는 법이 없단 이야기지. 그런
데 사업할 때 갑자기 주문을 많이 받으면 대박 났다면서 호들갑
을 떠는 사람들이 있어. 그래봤자 돈 빌리러 오는 사람밖에 없
어. 좋은 일이든 나쁜 일이든 항상 평정심을 유지하는 게 중요
해. 알았지?

행운과 불운은 항상 같이 온다.

나는 특별한 종교나 미신을 믿지 않는다. 다만 살면서 깨달은 것은 모든 순간이 좋을 수 없고, 모든 일이 다 잘될 수는 없다는 사실이다. 인생은 롤러코스터와 같이 오르막이 있다면 반드시 내리막이 있다. 그래서 좋은 일이 생겨도 크게 동요하거나 겉으로 드러내지 않으려고 노력한다. 내가 계획한 대로 흘러가면 좋겠지만, 인생에는 수많은 변수가 있기 때문이다.

또한 좋은 일이 생겨도 겉으로 드러내지 않는 이유는 나에게 찾아온 좋은 일과 성공이 때로는 시기와 질투로 공격의 대상이 되는 경우가 있기 때문이다. **멀리 있는 사람은 박수쳐 주지만, 오히려 가까이 있는 사람은 쉽지 않다.** 아들에게도 항상 주의하라고 당부하는 부분이다.

코로나 팬데믹 기간에 코인과 주식으로 갑자기 많은 돈을 번 젊은이들이 있었다. 청담동 명품 숍을 지나다 보면 명품으로 치장한 이들을 가끔 보게 된다. 그들을 붙잡고 이야기해주고 싶다. 어렵게 들어온 행운을 꽉 붙잡지 않으면 돈은 발이 달려 있어서 금방 도망가 버릴 거라고.

좋은 일이 찾아왔을 때 초연한 마음으로 받아들여라. 그리고 다음에 어떤 것이 찾아올지 미리 마음의 준비를

해야 한다. 사람들이 '미리 샴페인을 터트리지 말라'고 하는
것은 그냥 하는 말이 아니다. 명심해야 할 진심이 담긴 조언
이다.

명품 사지 말고
명품 돼라

Q 엄마는 명품을 갖고 싶었던 적 없었어?

A 나는 명품 물건보다 내가 명품이 되고 싶었어. 세월이 축적된다고 그냥 명품이 되는 것은 아니야. 나는 내 가치를 높이기 위해 도전과 배움을 게을리하지 않았어. 60대에 나는 인스타그램과 유튜브에 도전했고, 노션이나 에버노트, 씽크와이즈 등을 활용하면서 디지털 세상을 배우고 있어. 그런 무형의 자산이 나에겐 명품보다 더 값진 선물이야. 알았지?

언제부턴가 우리나라는 명품 소비 1등 국가가 되었다. 청담동 샤넬 숍 앞에는 이른 아침부터 오픈런을 기다리는 사람들이 있다. 코로나 이후 한쪽에는 돈이 없다고 아우성인데, 다른 한쪽에서는 수백만 원짜리 명품 소비를 하고 있다. (그 중에는 부지런히 명품 재테크를 하는 이들도 있을 것이다.)

나는 명품을 안 산다. 왜일까? 내가 명품이 되면 되니까. 명품을 사면 내가 그 명품을 모시고 살아야 한다. 100만 원을 호가하는 티셔츠가 있어도 함부로 입지 못한다. 편하게 세탁기에 돌릴 수도 없고, 달랑 한 번 입고 비싼 드라이를 맡길 수도 없기 때문이다. 오히려 삶이 불편해진다.

나는 대부분의 소비를 나 자신을 위한 공부나 경험에 투자하는 편이다. 아무리 미싸고 멋진 명품도 누군가가 훔쳐가 버리면 아무것도 남는 게 없다. 하지만 나에게 투자한 소비는 머릿속에 꽉꽉 채워져 아무도 빼앗아 갈 수 없다. 그리고 새로운 것을 배우는 데 대한 희열도 있다. 배움은 시간이 지날수록 나를 명품 인생으로 만들어준다.

어떤 공부부터 해야 할지 모르겠다면 지금 당장 절실하게 필요한 공부부터 하면 된다. 돈이 없으면 돈 공부를 하고, 건강이 안 좋으면 건강에 대해 배우고, 판매 스킬을 알고 싶으면 마케팅 공부를 먼저 해야 한다. 그리고 깊이 있게

들어가야 한다. 다만 여기저기 몰려다니며 배우는 공부 중
독은 피할 것.

　　자신의 가치를 높이고 싶다면 명품 사지 말고 스스
로 명품이 돼라.

일상은 트렌디하게,
생각은 럭셔리하게

Q 엄마, 젊은 사람들과 잘 소통하는 엄마만의 노하우가
   있어?

A 진한 화장을 하지 않고 청바지에 티셔츠만 입어도 빛나는 사
람, 생각이 꼰대처럼 굳어버리지 않고 유연한 사람이 가장 럭셔
리한 사람이라고 생각해. 그런 사람이 되려고 노력하다 보니 사
람들이 편안함을 느끼는 것 같아. 알았지?

나는 명품을 입지 않아도 트렌디해 보이고 싶다. 나이가 들어도 생각이 깨어 있는 사람이 되고 싶다.

수십 년 동안 유럽 브랜드를 수입해왔기 때문에 명품을 입을 기회는 많았다. 처음 이탈리아와 거래할 때는 환율이 유로가 아닌 리라였다. 그래서 이탈리아 현지의 명품 브랜드 가격도 지금처럼 비싸지 않았다. 하지만 일하느라 바쁘고 활동적이었던 나는 편한 차림을 선호했고, 구두보다 스니커즈가 더 편했다. 결정적으로 몇몇 브랜드를 제외하고는 공장에서 판매까지 유통의 전 과정을 알고 있던 내가 매장에서 소매가로 명품을 사기란 쉽지 않았다.

패션은 1년에 SS/FW와 같이 두 시즌으로 나눠 주문을 받는데, 6개월 이상 미리 다음 시즌 제품을 보게 된다. 새로운 컬러, 원단, 디자인 등 소비자들보다 트렌드를 먼저 접하게 되는 것이다. 그러다 보니 명품을 입지 않아도 내 감각이나 취향은 그 수준에 맞춰져 있었다. 니트에 스포츠 운동화, 거기에 스카프 한 장을 무심히 걸치면 패션이 완성되는 식이었다.

한발 앞선 트렌드와 유럽의 문화를 자주 접하면서 나의 라이프 스타일도 변화했다. 다른 사람의 눈치를 보지 않고, 와인 몇 잔으로 분위기를 낼 수 있으며, 나이에 상관없이 좋아하는 일을 하면서 당당한 자세를 유지하고 있다. 일상을 트렌디하게 채워나가고 있는 것이다.

반면 내 생각은 전보다 더 품위 있고, 더 포용력이 넓은 사람이 되고 싶다. 다행히 지금도 젊은 사람들과 만나면 어색하지 않고 대화가 끊이지 않는다. 그 이유는 오랫동안 해외를 오가며 자연스럽게 터득한 유연하고 열린 사고방식과 소통 능력 덕분이다.

농경시대의 사이클은 느렸다. 할아버지부터 아버지, 아들까지 3대가 같은 직업을 가졌다. 하지만 경제 성장과 산업화를 거치면서 우리는 세대마다 달라진 환경과 새로운 직업을 접하고 있다. 20대에 앞서 가던 사람은 40대가 되어도 남들보다 빠르게 변화에 적응한다. 세상이 수만 번 바뀌어도 하루 세끼 밥 먹듯이 평생에 걸쳐 공부하는 사람은 변화의 끝자락이라도 잡고 갈 수 있다. **나는 끝자락을 잡더라도 그 시대에 유행하는 것을 하고 싶다.**

나이가 들면 이야기가 통하지 않는다며 주위 사람들이 하나둘 떠난다고 한다. 하지만 나에게 나이는 또 하나의 콘텐츠가 되고 있다. 나이는 숫자에 불과하다는 것을 보여주고 있다. 나이는 비록 꼰대일지언정 생각은 꼰대가 되지 말자고 매번 다짐한다.

당연하게도 디지털 세상에서 나는 지금의 세대를 앞서 나가지 못한다. SNS보다 홈페이지에 익숙한 나에게 개인 브랜딩의 시대에서는 배워야 할 게 너무나 많다. 하지만 모르는 게 있으면 그들에게 물어보고 배우려 노력한다. 내가 아는 것에 머물지 않고 계속 배움으로써 생각은 꼰대가 되지 않기로 한 것이다. 결국 나이가 들어도 생각이 젊고 당당한 내가 되기로 한다.

성공하기 위해
아침마다 실천한 것

Q 엄마는 어떻게 항상 긍정적인 마인드를 유지할 수 있어?

A 나는 매일 아침 긍정확언을 실천하고 있어. 긍정확언을 하면 내 사고방식이 긍정으로 세팅되거든. 긍정확언을 통해 관점을 바꾸는 방법을 알게 되니까 사업에서 난관에 부딪혔을 때도 사고를 전환할 수 있어서 많은 도움이 되었어. 알았지?

사업에서 중요한 것 중 하나는 '잘될 것이다'라는 자기확신이다. 나는 스스로에게 확신을 주기 위해 매일 긍정확언을 실천한다. 하루에 걸쳐 틈날 때마다 반복하고, 아침에는 반드시 한다.

1. 오늘 아침은 참 상쾌하다.
2. 오늘은 왠지 좋은 일이 일어날 것 같다.
3. 나는 특별한 능력이 있는 사람이다.
4. 나는 체력이 좋다.
5. 나는 정신이 건강한 사람이다.
6. 나는 좋은 사람을 끌어당긴다.
7. 나는 모든 면에서 긍정적이다.
8. 나는 어떤 어려움도 이겨낼 수 있다.
9. 나는 이미 많은 것을 가지고 있다.
10. 나는 꼭 성공할 것이다.

긍정확언을 하면서 나는 관점이 달라졌음을 느낀다. 문제가 생겼을 때 멘탈이 터지는 것이 아니라 '좀 귀찮아졌네' 하는 정도로 마무리된다. 한없이 무너져내리는 게 아니라 한 가지를 더 배우고 성장할 수 있는 기회로 만들자고 다짐한다.

　납품한 회사가 부도가 나서 억대의 결제 대금을 못 받게 된 적이 있었다. 도저히 돈을 받을 수 없는 상황이라고 판단되었지만 나는 '어떻게 살아남을 것인가'에만 집중했다. 위로하기 위해 찾아온 사람들이 차분한 내 모습을 보고 놀랄 정도였다.

　문제를 들여다보면서 나에게 일어난 일이 결코 상대방의 잘못만은 아님을 알 수 있었다. 상대의 신용을 세심히 살피지 않고, 재정 상태 또한 정확하게 체크하지 않은 상태에서 무리한 거래를 시도했던 것이다. 그 경험을 통해 나는 일을 시작하기 전에는 상대를 면밀히 살펴보고 알아봐야 한다는 것을 배웠다.

　오랜 기간 사업을 하면서 나는 다른 사람들보다 더 많은 난관을 거쳐왔다. 그때마다 내 능력의 한계를 뛰어넘는 도전을 하면서 '오늘 이 시간이 지나면 모든 게 나아질 거야'라는 확신을 저버리지 않았다. 황당하고 기막힌 일은 한두 번이 아니었지만, 대부분은 문제를 잘 해결하고 성장할 수 있었다.

　성공적이고 행복한 인생을 살고 싶다면 자기 마음을 다스릴 수 있는 태도가 필요하다. 언제든 어려움이 닥칠 수 있다. IMF, 리먼 사태, 코로나 팬데믹처럼 언제 어디서 어떻게 터질지 모르는 문제도 있다. **어려움에 직면한 것이 자신의 부족함 때문이라고 탓하지 마라.** 오히려 긍정확언으로 스스로에게 용기를 북돋아주면서 하루라도 빨리 적응하고 해결책을 찾아내는 것이 성공에 더 빠르게 가는 방법이다.

진정한 부자들이 가장 중요하게 생각하는 한 가지

Q 엄마, 사업가에게도 인성이 중요할까?

A 당연하지. 인성은 성공을 위한 매우 중요한 요소야. 인성이 좋은 사람은 신뢰를 쌓고, 좋은 기회를 쉽게 만들어낼 수 있어. 사업에서의 성공은 능력만이 아니라 어떤 태도로 사람들과 관계를 맺고 유지하는가도 중요해. 알았지?

압구정동과 청담동에 30여 년을 살아오면서 이웃에 사는 많은 성공한 사업가들을 만났다. 그런데 신기하게도 그들이 큰 소리로 다투는 것을 거의 본 적이 없다. 앞집, 옆집, 뒷집을 둘러봐도 인상 쓰면서 말하는 사람이 없다. 아이들이나 학생들도 목소리나 행동이 조용하고 온순하다.

오래도록 청담동을 담당한 택배 기사님의 유튜브를 본 적 있는데, 엘리베이터를 타면 어린 꼬마들도 먼저 웃으면서 인사한다고 했다. 나도 비슷한 기운을 느끼는데, 진정한 부자는 자신을 잘 드러내지 않는다. 이타적이며 겸손한 사람이 많다. 이런 태도가 그들의 성공에 영향을 주었음은 분명하다.

나는 비즈니스 미팅이나 다양한 사람들과 식사할 때 상대가 종업원을 대하는 태도를 관찰하곤 한다. 식당 종업원에게 함부로 대하는 사람은 비즈니스 파트너로 적합하지 않다고 판단하는 경우가 많다. 이런 판단 기준을 갖고 있는 것은 나만이 아니다. 미국의 친한 사업가도 이 말에 공감했다. 만국 공통 꿀팁이다. **좋은 태도가 좋은 기회를 가져다주는 것은 분명하다.**

얼마 전 내 친구 아들이 외국인 손님이 많은 국내 5성급 호텔에서 고객 응대를 맡게 되었는데, 특이한 경험을 했다고 한다. 유독 매너 좋은 태도를 갖춘 외국인 손님들이 있었는데, 나중에 보니 누구나 알 만한 외국 대기업 임원들이었다. 반대로 클레임을 걸며 따지는 손님들은 대부분 한국 손님이었다. 친구 아들이 경험한 일은 우리가 어떤 태도와 매너를 갖고 살아야 하는지에 대한 교훈을 준다.

가끔 작은 일에도 참지 못하고 분노를 표출하는 이들이 있다. 순간적으로 욱한 뒤 돌아서면 후회하면서도 그 순간을 참지 못하는 것이다. 문제가 생겼을 때 그 상황을 얼마나 성숙하게 대처하는가를 보면 그 사람의 인격이 보인다. **확실한 건, 인성도 실력이다.**

60대, 내가 디지털을
공부하는 이유

Q 엄마는 어떻게 지금도 현재진행형 사업가가 될 수 있었어?

A 코로나 팬데믹으로 디지털 세상을 접하게 된 덕분이지. 소상
공인, 자영업자, 대기업 할 것 없이 힘든 시간을 보내면서 나에게
도 많은 변화가 있었어. 오프라인에서 도매로 판매하던 방식을
온라인에서 소매로 판매해야겠다고 방향을 전환한 계기였지. 앞
으로 70대가 되어도 사업가로 남을 수 있겠다는 자신감이 생긴
건 디지털 공부를 했기 때문이야. 알았지?

디지털 세상으로 들어온 이후 나의 변화와 성장이 놀랍고 신기하다. 오래도록 사업하면서 온라인 비즈니스가 가능하다는 것을 알지 못했다. '사업'이라고 하면 고정된 사무실에서 최소 몇 명의 직원들과 함께 일하면서 성과를 만들어내야 한다는 부담감이 있었다. 매달 관리비에 직원들 월급과 회사를 유지하는 비용이 나오려면 아침이면 무조건 출근해야 했고, 현지를 내 발로 직접 쫓아다니며 물건을 찾아야 했다.

처음 이탈리아 무역을 시작했을 때 명품 브랜드 재고를 수입했는데, 한국보다는 이탈리아에 머물면서 물건을 구입하는 것이 훨씬 유리했다. 정해진 날짜가 없었고, 갑자기 물건이 나오면 현금을 주고 사 가는 사람이 임자였기 때문이다. 당시 그 시장의 큰손은 돈 많은 유태인들이었다. 그들은 구매력이 큰 미국 뉴저지에 넓은 창고를 두고서 유럽 명품 재고를 사들였고, 큰 부를 축적했다. 그때만 해도 명품 재고 비즈니스는 현지에 오피스를 두고 상주하는 것이 가장 유리했다.

하지만 이제 시대가 바뀌었다. 사무실과 직원이 스마트폰으로 들어왔다. 판매도 오프라인의 대면에서 온라인의 비대면으로 변화했다. 디지털 활용 능력만 있으면 휴양지에서도 일할 수 있다. 비싼 임대료와 직원 없이 혼자서도 가능하다. 도움이 필요한 부분은 아웃소싱을 통해 비용적, 시간적으로 충분히 해결할 수 있다.

우리의 일상은 스마트폰과 함께 시작하고 끝난다. 스마트폰으로 인해 집중력 저하나 가족 간의 대화 단절 등의 문제는 안타깝고 아쉬운 부분이다. 하지만 60대인 나에게 디지털 세상에서의 활동은 인생 후반부를 설렘으로 채워주고 있다. 한동안 교류가 없던 지인들보다 인스타그램 친구들이 내 안위를 더 걱정해주고, 오프라인이 아니면 안 될 것 같던 사업이 온라인에서도 가능하다는 것을 알게 되었다. 새로운 트렌드를 두려워하고 그에 맞서기보다 그 물결에 올라타기 위해 노력했기에 깨달은 사실이다.

우리 동네에는 철물점이 두 군데 있다. 급하게 전구를 갈아 끼워야 해서 철물점에 갔는데, 온라인과 비교해 2∼3배나 더 비쌌다. 나와 비슷한 연배지만 아직 온라인 세상을 모르는 이들은 여전히 철물점에서 전구를 구입할 것이다. 쿠팡이나 새벽배송 대신 동네 마트에 가서 무거운 수박을 사서 힘들게 들고 올 것이다.

60대인 나에게 디지털 세상은 배움에 대한 또 다른 동기부여가 되었다. 은퇴해야 하는 나이에 소비자가 아닌 생산자로서 수익을 창출하는 길을 열어주었다.

　　오늘도 나는 SNS로 사람들과 활발히 소통하고 있다. 오프라인에서 글로벌 무역을 해온 경험과 60대에도 디지털 세상을 누비는 내 모습이 누군가에게 용기를 줄 수 있다고 믿는다. **돈이 없는 것보다 할 일이 없는 게 더 큰 재앙이라고 한다.** 할 일이 없다고 손 놓고 있을 게 아니다. 나이와 학력에 상관없이 디지털 세상에서는 누구든 할 일을 찾을 수 있다. 60대인 나도 하고 있는데 당신은 이미 충분히 가능한 일이다.

The
Insight
of
Wealth

청담캔디언니 인스타그램은
이렇게 만들어졌다

— 박지홍 (청담캔디언니 PD)

'20대 아들에게 주는 조언.'

2023년 10월 30일, 청담캔디언니 계정에 업로드한 인스타그램 콘텐츠 제목이다. 이때부터 아들인 내가 묻고 어머니인 청담캔디언니가 질문에 답하는 지금의 계정을 운영한 지 대략 4개월이 지났다.

평소 어머니와 나는 사이가 매우 좋은 편인데, 인스타그램을 같이 시작하기 전에도 자주 대화를 나누었다. 어머니와 대화하다 보면 시간이 어떻게 가는지 모를 정도로 다양한 주제의 이야기를 하게 된다. 나도 사업을 목표로 하나씩 준비하고 실행하고 있어서 사업가 멘토로서 어머니에게 궁금한 것들을 수시로 물어보았다. 그럴 때마다 어머니는 내가 고민하는 지점이 무엇인지를 짚어주었고, 본인이 사업할 때 겪었던 비슷한 사례를 들어 찬찬히 설명해주었다.

어머니와 대화하다 보면 어느새 대화 속에서 고민의 해결책을 발견하고 또 다른 인사이트를 얻곤 했다. 그래서 나는 어머니와 이런 대화를 나눌 때마다 메모를 하곤 했고, 나중에 그 내용들을 요약해 따로 정리해두었다. 많은 이야기를 나누어도 결국 기억에서 휘발되기에, 배운 인사이트를 잊지 않고 되새기기 위해 전부 기록해둔 것이다.

나는 24초 안에 배우는 살림 팁을 알려주는 콘셉트의 '살림24'(@salim_24s)라는 인스타그램을 운영하고 있다. 일상을 기록하기 위해 인스타그램을 하는 이들도 있지만, 나는 정보를 제공함으로써 팔로워를 늘리는 방식으로 인스타그램을 성장시켰다. 이 계정을 운영하며 릴스 100만 조회 수 이상을 여러 번 달성하기도 했다.

어머니가 인스타그램 계정 운영이 고민이라고 털어놓았을 때, 나는 살림24를 운영하면서 터득한 노하우로 새로운 형식의 릴스를 제작하는 아이디어가 떠올랐다. 어머니와 몇 시간 이야기를 나눈 후, 평소 우리가 자주 이야기를 나누었던 주제들에 대해 문답을 주고받고 어머니의 찐경험과 스토리를 꽉꽉 눌러 담은 릴스를 만들어보자고 결론을 내렸다. 우리가 만들 수 있는 가장 진정성 있는 형태의 콘텐츠라고 의견이 모아졌기 때문이다.

그렇게 내가 모아둔 기록들과 매일 나누는 대화들을 기반으로 청담캔디언니 인스타그램 계정은 새롭게 시작되었다. 2023년이 2개월밖에 남지 않은 시점이었다.

이후 너무나 놀라운 일들이 일어나기 시작했다. 우리가 콘셉트를 정하고 인스타그램을 시작한 지 3일 만에 일명 '떡상' 릴스가 탄생한 것이다. '세상이 뒤집힐 때 부자 될 기회가 온다'라는 릴스가 100만 조회 수를 기록한 것을 시작으로 100만 뷰를 넘긴 릴스가 동시다발적으로 생기기 시작했다. 결국 새로운 콘셉트를 시작한 지 불과 한 달 만에 10만 팔로워가 늘어났다. 평소 어머니가 나에게 자주 해주던 사업, 인생, 재테크 등에 대한 조언들이 '제대로 먹힌' 것이다.

당시 나는 이런 현상이 신기했지만, 당장 다음 콘텐츠 제작이 급했기에(당시 릴스를 하루 2개씩 올리고 있었다) 깊이 있게 생각해보지 못했다. 그런데 콘텐츠를 제작하면 할수록 그 이유를 자연스레 이해할 수 있었다. 어머니가 하는 이야기는 아들인 나에게만 해주고 싶었던 진심 가득한 조언이었다. 모든 어머니들의 마음이 그러하듯 어머니는 이 이야기들을 내가 곱씹으며 되새기길 원했다고 생각한다. 이런 콘텐츠에 담긴 진정성이 릴스를 보는 사람들에게도 그대로 전달된 게 아닌가 싶다.

청담캔디언니 인스타그램이 우리가 예상한 것보다 더 빠르게 성장할 수 있었던 두 가지 이유는 '양질의 콘텐츠'와 '빠른 추진력'으로 속도전을 했기 때문이라고 생각한다. 40년이라는 사업 경력에서 나오는 어머니의 응축된 경험과 매일 매 순간 함께 치열하게 고민하며 콘텐츠를 제작한 과정이 있었기에 가능했다. "올해 제가 팔로우한 사람 중에서 가장 유익한 분이다", "나만 알고 싶을 정도로 좋은 내용들이 가득하다", "매일 인사이트를 가득 얻고 간다" 등의 댓글을 보면서 더 좋은 콘텐츠를 만들고 싶다는 욕심과 의무감이 생겼다.

콘텐츠를 제작하면서 우리가 가장 많이 신경 썼던 부분은 역시 '실질적으로 도움이 되는 정보'였다. 먼저 나는 멘티의 입장이 되어 개인적으로 궁금하거나 많은 사람들이 궁금해할 주제를 나열한 후 어머니와 상의했다. 딱히 정해진 방법 없이 다양하게 주제를 구상했는데, 나의 이전 메모들에서 찾기도 하고, 즉흥적인 대화를 통해서 영감을 얻기도 했다. 그 과정에서 적절한 질문을 뽑아내는 데도 많은 고민을 했다. 자칫하면 너무 전문적인 내용으로 빠질 수도 있기에 적어도 중학생이라면 충분히 이해할 만한 내용으로 기준을 맞추려고 노력했다.

일단 질문이 만들어지면 제일 먼저 어머니가 그에 대한 답변을 일차적으로 작성했다. 어떤 질문으로 콘텐츠를 제작할지 논의하면서 어머니는 이미 답변을 머릿속에 그리고 있었기 때문에 일필휘지로 써주었다. 어머니의 초고를 바탕으로 우리는 다시 대화를 이어가고, 내가 추가로 궁금한 점들을 질문하며 스토리와 정보를 보충했다. 그런 다음 충분한 내용이 담겼다고 판단되면 최종적으로 글을 정돈하고 다듬어나갔다.

적어도 글을 읽으며 단 하나라도 실천 가능한 확실한 인사이트를 담아야 한다는 기준이 있었기에, 글을 정리하는 과정은 상당한 에너지가 들어가고 충분한 시간이 필요했다. 그럼에도 불구하고 사업 멘토이자 인생 선배로서 어머니의 풍부한 경험과 다양한 노하우는 글을 더 풍성하고 믿음직하게 만들어주었다.

주제도 변화했다. 처음에는 내가 평소 어머니에게 자

주 질문했던 '사업'으로 시작했다가 댓글을 보고 재테크, 소비 습관, 자기계발, 인생의 지혜 등으로 주제를 넓혀나갔다. 이건 의도한 것은 아니었다. 다만 더 많은 시간 동안 이야기를 나누다 보니 자연스레 다양한 방면의 인사이트로 확장된 것이다. 특히 실제 청담동에 살면서 직접 보고, 듣고, 느꼈던 이야기들은 어디에서도 들을 수 없는 내용들이었고, 사람들에게 많은 자극이 된 것 같았다.

영상을 만드는 과정에 대해서도 궁금해하는 분들이 많았다. 촬영과 편집은 전부 내가 직접 맡았는데, 우리는 거의 매일 촬영을 진행했다. 주로 청담동 일대를 배경으로 일상을 촬영하는 형식이었다. 촬영을 하러 밖으로 나갈 때면 점점 어머니를 알아보는 분들이 많아져 신기하기도 했다.

한번은 점심을 먹으러 도산대로의 타코 가게에 들어갔는데, 사장님께서 "콘텐츠 잘 보고 있습니다"라고 인사를 건넸다. 점심식사를 마치고 바로 옆의 붕어빵 가게에 들어갔는데, 그곳 사장님도 "캔디언니 아니신가요?"라고 알아보는 것이다. 우리 콘텐츠가 사업의 전 영역을 다루고 있던 터라 다양한 자영업자, 소상공인 분들도 관심이 많다는 것을 체감한 순간이었다. 실제로 릴스 댓글을 읽다 보면 정말 다양한 업종에서 일하는 분들이 우리 콘텐츠를 보고 있음을 느낄 수 있다. (현재는 문답을 주고받고 글로 자세한 내용을 푸는 하나의 형식으로 릴스를 제작하고 있지만, 팔로워들에게 좀 더 내용을 잘 전달할 수 있는 다양한 형식의 콘텐츠를 구상해볼 예정이다.)

영상, 글, 녹음에 이어 편집까지 마치고 나면 우리는 둘 다 이미 녹초가 되어 있었다. 하지만 콘텐츠가 올라가자마자 공감하고 호응해주며 댓글로 감사 인사를 써주는 분들을 보면 그날의 피로도 잊을 수 있었다. 그리고 다음 날 또다시 새로운 콘텐츠 제작에 최선을 다했다.

나중에는 "엄마" 하고 목소리로만 출연하던 나에 대해 실존 인물인지 문의하는 사람들도 있었다(AI 보이스라고 착각하는 분들이 생각보다 많이 계셨다). 처음에는 가볍게 웃어넘겼는데, 이것도 하나의 스토리가 되겠다 싶어 비하인드 콘텐츠로 제작했고 반응이 좋았다.

세상을 살아가는 데 멘토의 역할이 정말 중요하다는 생각이 든다. 그들은 실질적인 조언도 해주지만, 신뢰할 수 있는 정신적인 지주와 같은 역할도 맡는다. 힘들고 포기하고 싶은 순간에 멘토의 한마디는 시도해보지 못한 일에 도전할 수 있는 용기를 주고, 힘든 순간을 견디게 해주는 따뜻한 응원과 위로가 되기도 한다.

결국 우리가 멘토를 원하고 의지하는 이유는 그들이 우리보다 앞서 경험했고, 길을 걸어본 자들이기 때문이다. 그들이 있어 두려움을 이겨내고 다시 도전하고, 올바른 방향으로 또다시 걸음을 내딛게 된다. 그런 존재가 나에겐 어머니다. 그런 분이 곁에 계셔서 참 감사하다.

평소 어머니가 나에게 해주고 싶었던 많은 이야기가 청담캔디언니 인스타그램에 고스란히 녹아 있다. 이 콘텐츠들은 우리가 함께 상의하며 만들었지만, 일부러 '콘텐츠만을 위한 콘텐츠'를 만들기 위해 연출한 것은 아니다. 평소 나누었던 대화와 일상을 사람들이 좀 더 편안하게 볼 수 있도록 가다듬어 공유한 정도에 불과하다. 그래서 중복되고 어눌한 부분이 있을 수 있다. 하지만 그런 부분들도 어머니 입장에서 아들인 내가 주체적인 삶을 살기를 바라는 마음에서 반복해서라도 강조하고 싶었던 내용들이라 생각해주시면 좋겠다.

'나만 알고 싶은 내용'이라는 댓글처럼 나에게도 어머니는 사업의 멘토로서 나만 알고 싶은 분이었지만, 이제부터는 모든 사업가들의 멘토가 되길 바란다. 어떤 일을 해나감에 있어 방향성이 고민되고 어려움이 닥칠 때면, 이 책이 멘토처럼 응원과 위로가 되길 진심으로 바라본다.

기회는
일어나는 것이 아니라
만드는 것이다.

— 크리스 그로서 Chris Grosser

청담캔디언니가 들려주는
일과 사업, 인생에 관한 77가지 조언

부의 인사이트

1판 1쇄 발행 2024년 3월 18일
1판 7쇄 발행 2024년 10월 10일

지은이. 함서경
기획편집. 김은영, 하선정
마케팅. 이운섭
디자인. Mallybook

펴낸곳. 생각지도
출판등록. 제2015-000165호
전화. 02-547-7425
팩스. 0505-333-7425
이메일. thmap@naver.com
블로그. blog.naver.com/thmap
인스타그램. @thmap_books